1950年代生まれの逆襲

「ベルエポック世代」の栄光と悲惨そして復活

fukui jiro 1955年生まれ 福井次郎

言視舎

プロローグ

いま日本では、全世代を通じてすべての人が危機に晒されている。

まず緊急に解決しなければならないのは若者問題だ。失業、派遣、ニート、婚姻率低下、若者は未来に対して展望が開けない状況の中で生きている。そして多くの若者が正社員になれず、不安定な暮らしを余儀なくされている。これでは集団就職列車で「十五の春」を迎えた、昭和三十年代の中学生のほうが、まだ幸せだったと言えるかもしれない。

次に問題なのは壮年問題だ。リストラ、過労死、サービス残業、パート労働、賃金低下。働き盛りの壮年は、かつてのモーレツ社員よりも苦しい労働環境に泣いている。これほど真面目に働いて、しかも煮え湯を飲まされている労働者たちを、早急に何とかしなくてはならない。

加えて子供問題も解決していない。離婚の増加、育児放棄、児童虐待、地域社会の解体による教育力低下、学校でのいじめ、不登校。子供は毎日怯えながら日々を過ごしている。家庭は崩壊し、学校は統廃合、成果主義、管理主義の導入で、もはや憩いの場ではない。

その上老人問題だ。今の夫婦は多くが共稼ぎで、老人の面倒を家族がみることはない。大多数の高齢者は介護職員の世話になる。ところが福祉施設で働く多くの人々が、厳しい労働環境の中で生きている。

ところで、今書いたことは、特に目新しい話題ではない。いずれも飽きるほど議論されてきたことばかりだ。たくさんの識者がそのことを指摘し、喧々諤々、提言を行なってきた。しかし誰も問題の解決策を見いだせぬまま時ばかりが過ぎている。今では議論することにも疲れ、話題にすることすら憚られるテーマとなっている。

実はこの本で取り上げるのは、そうした深刻な問題を抱えた世代ではない。そうではなくて、**日本で一番問題がないと言われてきた世代**についてである。つまり、**ベルエポック（良き時代）**を生き抜いて、立派に定年を迎えた、あるいはこれから迎えようとする世代について考えようとしているのだ。

この世代のことを、この本では「**ベルエポック世代**」と命名している。かつては「しらけ世代」と称されたこともあった。しかしどうもこの言葉は、この世代の人を指す言葉としては適切ではない気がする。この用語は、全共闘世代の反動として、政治に対して沈黙を守った、この世代の一時期の姿を評したマスコミ用語であった。したがって、この本ではこの言葉は使用しないことにする。

実際この世代は、生まれてから現在に至るまで、決して「しらけ」ていたわけではない。むしろ子供の頃に高度成長を経験し、明るい未来を夢見て育った。学生運動や低成長時代の突入と、多少の挫折経験はあるものの、バブル崩壊時代に遭遇したリストラや破産を除けば、大多数が失業の不安に見舞われることなく生きてきた。生まれてから死ぬまで、戦争や飢えを経験せず、歴史的にも稀なる幸福な人生を享受してきた世代なのである。

「この危急の時代に、そんな能天気な輩を論じて何になるのか」

そんな声が聞こえてきそうだが、だからこそ今までこの世代についてはあまり論じられてこなかったといえよう。

では、なぜ今、ここで彼らのことを取り上げるのか。それは、**問題がないとされた彼らに、今、深刻な危機が訪れようとしている**からである。

いわば、マラソンコースのゴールの前に、巨大な落とし穴が掘ってあったようなものだ。せっかく気持ちよく人生を走り抜けてきたのに、テープを切る前にとんでもない陥穽が待ち受けていた。一体それはどのような意味においてか。

まず目次を見て欲しい。この本は三段の組み立てになっている。序章はベルエポック世代という概念について論じている。一種の世代論だ。第1章から3章までは、この世代を襲う社会経済的な危機、それに続く第4章は、この世代が陥る心理的危機について。そして最終章では、この危機に対し、この世代がどのように対処すべきか考えている。

なお、筆者自身もこの世代に属することをあらかじめ断っておく。したがって、ここに書かれていることは、筆者にとって他人事ではない。まさに自分自身の問題である。その意味で、筆者の心の叫びを記した本と捉えていただいて差し支えない。

目次

後書き

序　章

ベルエポック世代

ベルエポック世代とは

まずは統計の話から始めよう。

次ページに掲げたのは、２０１１年の人口ピラミッドだが、２０１２年（平成24年10月）の人口統計が、総務省によって新たに発表されている。

これによると、日本人の年齢別人口を10年ごとに区切った場合、一番多いのが60歳代である。総人口１億２７５２万のうち約１８４５万人が60歳代で、50歳代も約１５６３万人おり、70歳以上も約２２５９万人いる。

簡単に言うと、全人口の約45％が50歳以上なのである。その基本的流れは今後も変わらない。ちなみに平成25年９月に総務省によって発表された人口推計によると、２０１３年における65歳以上の人口は、前年比１１２万増の３１８６万人となり、全人口の４分の１に達しているようだ。

高齢化社会というのは使い古された言葉だが、これは尋常なことではない。50歳といえば、戦国時代では寿命とされた年齢だ。かつての寿命を過ぎた人間が、今や日本の人口の半分近くになっているのだ。まさにいびつな人口構造といってよい。

とりわけ団塊の世代と呼ばれる人たちの年齢層が他を圧倒している。

団塊の世代というのは、作家の堺屋太一が１９７６年に発表した小説『団塊の世代』から

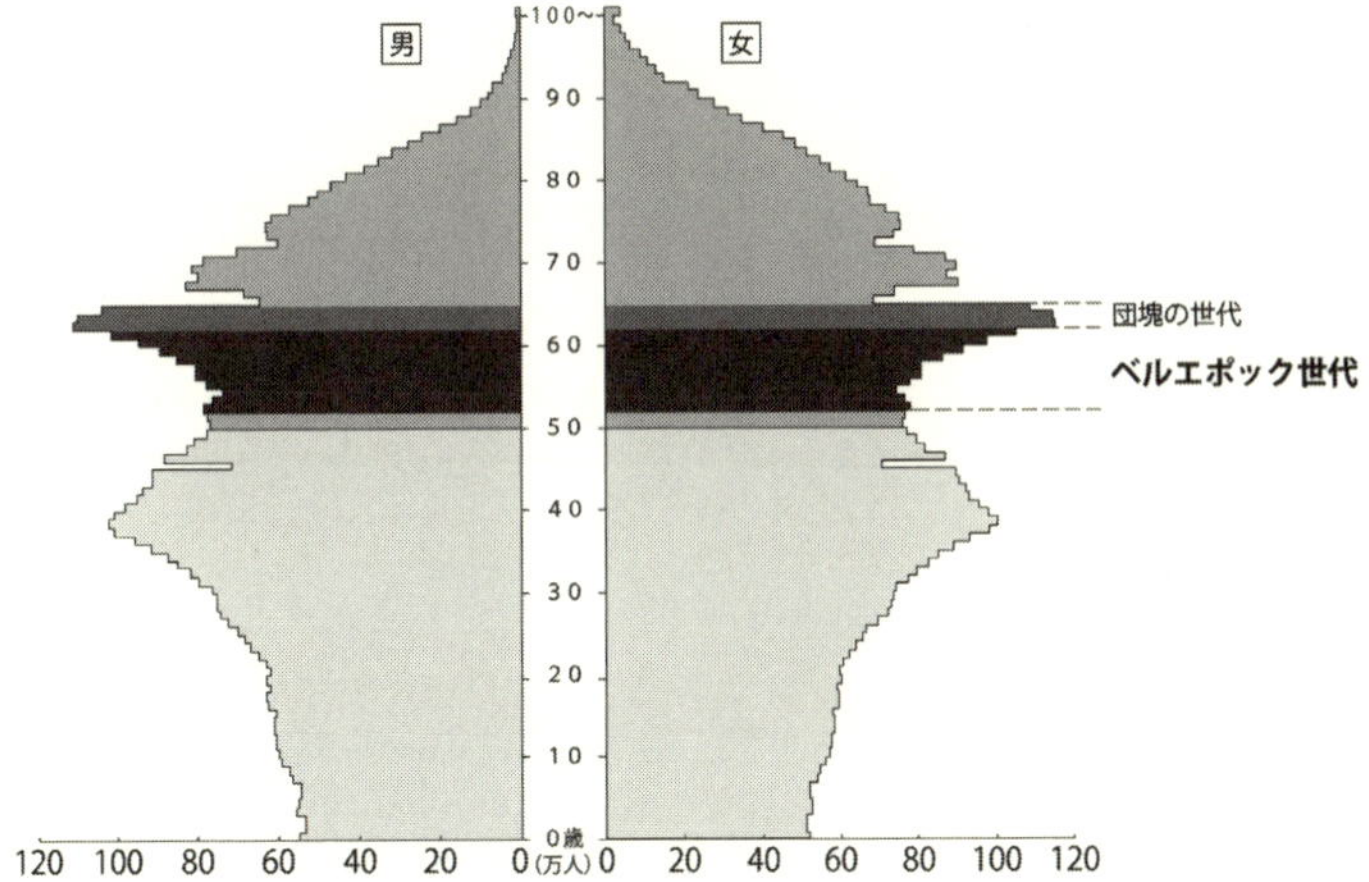

平成２３年（２０１１年）人口ピラミッド、総務省統計局による

取った言葉である。厳密には、１９４７年から１９４９年までの第一次ベビーブームの時期に生まれた約６６０万人（平成24年10月時点の存命数）をさしている。

２０１４年現在では、団塊の世代は65歳から67歳となる。

終戦直後に急激に出生率が高まった理由として、戦争終了後のエネルギーの発露という見方があり、アメリカでも、この時期、いわゆるベビーブーマー世代が形成された。

日本において、このブームが49年に終焉を迎えた理由として考えられているのが、刑法の改正である。この時「経済的な理由での中絶」が容認されたため、子供を産まずに中絶する女性が増えたとされている。

２００７年（平成19年）から２００９年（平成21年）にかけ、団塊の世代２００万人以上が定年退職を迎えたため、「２００７年問題」と呼ばれ、そのため前年（２００６年）に「改正高齢者雇用安定法」が成立し、65歳までの継続雇用を促進する「高年齢者の安定した雇用の確保等を図るための措置」が施行された。しかし現在は、彼らも多くが65歳に到達し、団塊の世代は、まもなく日本の職域社会から消え去ろうとしている。

日本の高度成長を１９５５年からの20年間と捉えれば、団塊の世代は子供の頃に高度成長が始まって、成人後しばらく経ってから高度成長が終わった世代と考えることができる。同時にこの世代は、高度成長が始まる前の貧しい時代を知っている世代で、西岸良平の漫画『三丁目の夕日』に描かれた時代に幼少期を過ごしている。

ところで、私がこの本で問題にしようとしている**ベルエポック世代は、生まれた直後に高度成長が始まり、成人前後に高度成長が終わった世代**をさしている。

団塊の世代とベルエポック世代に共通することは、一度も戦争と飢えを経験したことがなく、日本がもっとも繁栄を謳歌した時代に青春を生き抜いたという点だ。つまり歴史上稀なる幸福な世代だったのである。

ただ、既述したように、団塊の世代はほとんどが退職し、すでに年金生活に入っている。

実は本書は、これから退職を迎える人が将来にどのように備えるかということが議論の中心となっている。そこでベルエポック世代という概念から、あえて団塊の世代を除外し、団塊の世代以後のワンデケイドをベルエポック世代と規定することにした。

そうすることで議論がわかりやすくなるからである。実際、団塊の世代とベルエポック世代は、その性格が微妙に異なっている。どこがどう異なるかについては後で述べるが、いずれにせよ、1950年から1959年に生まれた現在存命する約1680万人をベルエポック世代と命名し、この人たちの今後について議論したいのである。

ただしこれから語られることは、団塊の世代にも共通する部分が多いことはあらかじめ断っておく。ちなみに存命する団塊の世代とベルエポック世代の人口を加えると、その人口は約2340万人となる（平成24年10月現在。以下この時点を基準とする）。


また日本が高度成長を驀進した1960年から70年に生まれた世代は新人類世代と呼称されている（存命人口約1835万人）。続いて1971年から74年生まれを団塊ジュニア世代、さらに75年から79年生まれを真性団塊ジュニア世代と言うことがある。

ここで人口ピラミッドを見て欲しいが、団塊の世代の後に出生数は減少に転じ、新人類世代から団塊ジュニアにかけてまた増加に転じている。

この意味で、ベルエポック世代とは、団塊の世代と新人類世代＋団塊ジュニア世代の**狭間の世代**と捉えることができ、人口が多い二つの世代に挟まれたへこみ世代であるとも言える。そもそも社会学や心理学、そしてマーケティングの世界では、人口の多い世代を議論の対象とする傾向がある。それが、今までこの世代のことがあまり論じられてこなかった理由である。

ところで、この「**へこみ世代**」は、今年（２０１４年）に55歳から64歳に到達する。すなわち最近退職した人と、これから退職を迎える人によって構成されている。ただし、ベルエポック世代も、前半の５年と後半の５年は微妙にその性格が異なっている。この違いについては後でまた触れよう。

なお池田勇人首相の所得倍増計画が策定されたのは１９６０年のことだった。しかし、高度成長が日本全土に波及するにはタイムラグがあり、田舎の子供が高度成長を実感し始めたのは60年代中頃に入ってからである。

「**巨人、大鵬、卵焼き**」という懐かしいフレーズがあるが、これは１９６１年の流行語で、ベルエポック世代が子供の頃に一世を風靡したものをさす言葉である。２０１２年死去して国民栄誉賞を受賞した大鵬は、当時の優勝記録を塗り替えた大横綱だった。また２０１３年死去した川上哲治に率いられた巨人は、当時、長嶋、王というスター選手を抱え、60年代後半から70年代初頭にかけて、九連覇の日本一を達成した。他にベルエポック世代が少年時代に夢中になったものとして次のようなものを挙げることができる。

鉄腕アトム、おそ松くん、ディズニーアニメ、ひょっこりひょうたん島、シャボン玉ホリデー（クレージー・キャッツ、坂本九、ザ・ピーナッツ）、若大将、ゴジラ、グループサウンズ、００７、ビー

トルズ、等だ。

いずれも夢を感じさせる明るいカルチャーばかりで、この世代は、子供の頃、**未来に対して楽観的な感情を抱いて育った**と言える。

ところが、ベルエポック世代が青年期に入ると、時代は一転、荒れた時代がやってくる。既成の価値を否定するサルトル哲学が流行、東大闘争、三島由起夫割腹自殺、連合赤軍事件など、世間を揺るがす事件がたて続けに起こった。そしてグループサウンズはフォークソングというプロテストソングに変わり、気がつくと、アメリカから、ポップアートやニューシネマなどのカウンターカルチャーが流入してきた。世の中は反抗の時代に突入して長髪が大流行する。

この文化をリードしたのは団塊の世代だったが、ベルエポック世代も、少なからずその影響を受けた。自分もその渦に巻き込まれるのだろうと予感して成長したのである。ところが実際には……。

ところで、具体的にどんな著名人がこの世代に属するかと言うと、まず2012年に首相となった**安倍晋三**首相は2014年に60歳となり、まさにこの世代に含まれる。また2013年に死んだ**中村勘三郎**は、もし生きていれば2014年に59歳となり、やはりこの世代の人だった。芸能界を中心に、各年別に出生した有名人を挙げると次のようになる。

50年　志村けん、舘ひろし、細川たかし、由美かおる、萩原健一、和田アキ子、奥田瑛二、板東玉三郎、中沢新一、イルカ

51年　中村雅俊、桃井かおり、忌野清志郎、山本リンダ、カルメン・マキ、阿川泰子、五輪真弓、小林薫、浅田次郎、藤圭子

52年　坂本龍一、三浦友和、村上龍、さだまさし、大森一樹、小柳ルミ子、松坂慶子、中島みゆき、吉幾三、浜田省吾

53年　山下達郎、甲斐よしひろ、北の湖、研ナオコ、関根勤、小林よしのり、テレサ・テン、竹下景子、落合博満

54年　石田純一、ルー大柴、松任谷由実、南沙織、高畑淳子、片岡鶴太郎、中畑清、秋吉久美子、林真理子

55年　所ジョージ、麻原彰晃、郷ひろみ、江川卓、千代の富士、具志堅用高、明石家さんま、野田秀樹、春風亭小朝、矢野顕子、西城秀樹、竹内まりや、坂口良子

56年　役所広司、大地真央、野口五郎、桑田佳祐、竹中直人、島田紳助、長渕剛、如月小春、浅田美代子、渡辺正行、大川隆法

57年　大竹しのぶ、夏目雅子、天童よしみ、孫正義、浅田彰、東国原英夫、石破茂、野田佳彦、ピンク・レディー（ケイ）

58年　宮本亜門、チャゲ、桜田淳子、秋元康、小室哲哉、東野圭吾、原辰徳、M・ジャクソン、

マドンナ、時任三郎、ピンク・レディー（ミー）

59年　山口百恵、片山さつき、石川ひとみ、京本正樹、渡辺謙、辻仁成

次に、この世代の特質について簡単に触れておく。

ベルエポック世代の特質

最初に、団塊の世代と共通で、新人類世代と異なる点を二つ挙げておこう。

第一に、ベルエポック世代が、団塊の世代同様、高度成長の前の**貧しき時代を記憶している**という点が重要だ。都会はそうでもないだろうが、地方においては、1960年の段階ではまだ昔の世界が残っていた。微かな記憶であるが、ベルエポック世代の一部は馬車で移動した記憶を保有している。これに対して新人類世代は高度成長前の日本をまったく知らない。東海道新幹線が開通した時に4歳だったからだ。

ここで自分のことを述べさせてもらうが、私が物心ついた時、私の家にあった電化製品は裸電球とラジオだけだった。トイレは汲み取り、ストーブは薪ストーブだった。トイレの紙は新聞で、薪を取りに行くために吹雪の中を歩かねばならなかった。

その後洗濯機が入り、小学校の時に、テレビと冷蔵庫がついた。その後電気掃除機も使用するようになり、やがてステレオが居間に置かれた。つまり成長に従って電化製品が増えていったのである。電化製品というのは高度成長の指標であり、新しい家電を買うたびに家の中はお祭り騒ぎであった。あの高揚感を記憶しているのがこの世代である。すなわち、昨日よりも今日の生活は良く、**明日はもっと良くなるに違いないという希望を抱いて成長した**のがこのジェネレーションなのである。今はボタン一つを押すと、電気と暖房がつき、トイレも水洗であるが、特に喜びはない。

第二に、この世代は、本土空襲などの戦災体験が全くない世代だが、**親はすべて戦中派**だったことも重要だ。従って、親のほうは教育勅語で育ち、終戦によって価値観が転倒した世代だった。そのため、自分の子供を教育するときには、自分が受けたスパルタ式を踏襲するケースが多かった。こうした親に育てられながら、同時に**戦後の民主教育を受け、平等の思想を叩き込まれた**のがこの世代である。そして多くが戦後の価値観に信頼を置き、親の価値観に背を向けた。そのため、親に対しては**激しいジェネレーションギャップ**を感じて成長した。

「戦争を知らない子供たち」というのは、団塊の世代による戦中世代に対する決別宣言であったが、これはベルエポック世代にも当て嵌まる。ただしその対応の仕方には団塊の世代とベルエポック世代には微妙な違いがある。ここからは団塊の世代とベルエポック世代の違いとなる。

まず団塊の世代に対しては、戦中派の親は文句なしの鉄拳で応じたが、ベルエポック世代の頃には、親のほうも少しずつ戦後文化に慣れ親しんで子に対して甘い接し方をするようになった。そのためベルエポック世代にはあまり親を恨む理由がなかった。つまり団塊の世代のキーワードは反抗であったが、ベルエポック世代は、かならずしも反抗の世代とは言えないところがあった。繰り返すが、カウンターカルチャーというのは団塊の世代がリードした文化であり、ベルエポック世代の文化ではない。

ここで少し団塊の世代について触れるが、団塊の世代が育った時代の国際政治は、米ソ二大国の対立が激化した冷戦の時代であり、核戦争の恐怖におびえた時代だった。一方では世界の半分を占める社会主義イデオロギーがこの世代を捉え、ベトナム戦争をきっかけにカウンターカルチャーが勃興したのである。

ただし団塊の世代イコール全共闘世代である、という言い方には注意を要する。というのも、当時、大学進学率が15パーセントしかなかったからである。すべての学生が運動に参加したわけではなく、大多数は学生運動とは無縁で過ごし、他に体育会系など、体制側に立った者も少なからず存在した。

とはいえ、フォークソングを代表とする若者文化の流行など、いわゆる全共闘文化をリードしたのは団塊の世代であったと言える。現実に運動に参加しなくとも、この世代は、有形無形にカウンターカルチャーの影響下にあった。

そして、左にせよ、右にせよ、団塊の世代は常に旗を振り、機関車役を担っていた。パワフルで弁舌が立ち、元気印そのものだった。人口が多いだけに競争も激しく、社会に出た後はモーレツサラリーマンに変身した。春闘のたびに給料は上がり、退職金も減額されずに終わった。

これに対し、ベルエポック世代は、団塊の世代に比べて**自己主張は控え目**である。どちらかといえば、優しく、おとなしい性格の人が多い。人口が減少して競争も激しくなくなり、少年期に早くも高度成長の恩恵を賜ったからである。多くは希望に満ちた不満のない少年時代を過ごした。

これについては、ひと頃日本で流行した中流論から見てみるとよい。

内閣府が実施している「国民生活世論調査」（上、中の上、中の中、中の下、下の五段階調査）によると、ベルエポック世代の最後にあたる現在の55歳の人が生まれた時点（１９５９年）で、自分は「中の中」と答えた人は約37パーセントで、中の下及び下と答えた人は、併せて約50パーセントもいた。このことからベルエポック世代が生まれた時点では、日本人の半分が下流（中の下および下）意識を持っていたことがわかる。

そして59年生まれが成人に達した79年には、中の中と答えた人が約61パーセント、中の上と答えた人が約７パーセントとなり、併せて約68パーセントの人が**中流意識**を持つようになっていた。79年は、日本人の中流意識がほぼピークを打った年で、ベルエポック世代のほとんどが、自分を中流と感じて成人を迎え、社会に巣立ったのである。

ところが1979年には第二次石油危機が発生し、この後中流意識を持つ人の数は減っていく。これ以来、低成長時代が始まり、ベースアップはなくなってゆく。そして**我慢のサラリーマン時代**が始まった。

いま、我慢のサラリーマン時代と言ったが、団塊の世代との最大の違いは、まさにベルエポック世代が主張よりも我慢を強いられた世代であったという点にあるだろう。団塊の世代は旗を振ってベースアップを勝ち取ったが、ベルエポック世代にはリストラが待っていた。そして彼らは、団塊の世代についていこうとして梯子を外された世代でもあった。これについてはベルエポック世代の前半を構成した人たちに特に言えることだが、彼らが大学に入った時は内ゲバによって学生運動が破綻を迎えた時期だった。そしてその時、80年代を予告する新しい文化が、怒濤のように湧き起こった。正確に言うと、彼らは時代の変わり目に青年後期を生きていたのだ。ちなみに全共闘世代の挫折を描いた村上春樹がデビューを飾ったのは79年のことである。

ここで**75年から79年まで起こった出来事**をいくつか拾ってみる。70年代後半から80年代前半まではは、ほとんどのベルエポック世代が成人を迎えた時代である。

75年　サミット開始、集団就職列車終了、マイクロソフト社設立、ローソン設立、ベトナム戦争終結、吉田拓郎とかぐや姫による「つま恋コンサート」
76年　宅急便開始、ロッキード事件、アップル社設立、VHSビデオテープ登場、村上龍の『限りなく透明に近いブルー』が芥川賞を受賞
77年　中国文化大革命終了、チェコで民主化運動開始、マイルドセブン発売、ピンクレディー大ブレーク
78年　キャンプ・デーヴィッド合意、日中平和友好条約（中国、改革開放路線開始）、24時間テレビ開始、インベーダーゲーム（コンピューターゲーム）ブレーク
79年　ポルポト敗北、イラン革命、第二次石油危機、第二次戦略兵器削減交渉調印、スリーマイル島原発事故、サッチャー政権誕生、ソ連のアフガニスタン侵攻、ドラえもん放送開始、共通一次開始、ウォークマン発売、NECパソコン発売

これを見ると、いわゆるカウンターカルチャーというのは、70年代後半にはおおよそ消えていたことがわかる。社会的に見ると、それほど衝撃的な事件は起こっていないが、いろいろな意味で時代の変わり目だったことがわかる。

なお年表にはないが、**第一次ディスコブーム**が起こったのは75年で、それからディスコは息の長い若者文化となる。若者集団お見合い番組である「**パンチDEデート**」がブレークしたのも70年代後半だ。さらに**キティちゃん**と**セブンイレブン**が誕生したのは74年で、この二つは70年代後

半に普及してゆく。荒井由実が**松任谷由実**の名前で活動開始したのは75年で、**キャンディーズ**が解散し、**サザン・オールスターズ**がデビューを飾ったのは78年のことだった。この後フォークソングに変わって**ニューミュージック**が流行してゆく。さらに**野田秀樹**による「夢の遊眠社」の旗揚げは76年で、そこから渡辺えり、如月小春などアングラ演劇に変わる第三世代の**80年代小劇場演劇**がブレークしていった。コピーライター**糸井重里**がブレークするのもこの頃だ。また**ディズニーランド**の開業は83年であったが、建設が始まったのは80年のことだった。80年には**デジタルパチンコ**も登場している。

ところで、ベルエポック世代の後を承けた「**新人類**」という言葉が使用されるようになったのは、実は1979年のことだった。79年にこの言葉が出現した時、いわゆるポスト団塊の世代をさす言葉として使用されたのだった。共通一次が始まって、「無気力、無感動、無責任」という言葉が流行する中、「しらけ世代」などと呼称された若者を「新人類」と呼称したのである。つまり「新人類」というのは、最初はベルエポック世代後半の若者をさす言葉であったのだ。この「新人類」によって、すでに記したような新しい文化（ニューファミリー文化）が生み出されていったが、そこからは、〝軽チャー〟大量消費、サブカルチャー全盛時代が到来する。

こうして「新人類」という言葉は流行語となるが、それは80年代半ばのことである。マーケティング情報誌の『アクロス』（パルコ刊）がこの言葉を取り上げ、また、同年に筑紫哲也が若者と対談する企画「新人類の旗手たち」が、『朝日ジャーナル』に連載されて世間に広く知られるようになったのだ。その結果、「新人類」は、1986年の新語・流行語大賞に選出されるが、その時の「新人類」は、1960年以降に生まれた若者をさしていた。なぜならその頃から団塊ジュニアまで、若者人口が増加してゆくため、マーケティングがその世代に注目したからである（現在では「新人類」を61年から70年生まれとするのが一般的だが、この本では60年から70年生まれを新人類と規定しておく）。

いずれにせよ、言葉というものは知らず知らずに変化してゆくことを肝に銘じなければならない。

ところで、80年代後半と言えば**バブル形成期**であり、株式相場は年々上がり、その上げ方は「新人類相場」と言われた。この時期の新人類の特徴としては、社会を構成する一員として責任を引き受けることを拒否し、社会そのものが一つのフィクション（物語）であるように振る舞う傾向があると分析された。

80年代には「**ネクラ**」「**ネアカ**」という言葉も流行したが、ベルエポック世代がどちらかと言えば「ネクラ」なのに対して、新人類が生み出した若者文化は「ネアカ」志向であった。漫画やアニメなどのオタク文化とヒップホップ、テクノポップ、ヘヴィメタルなどが台頭した。ちなみに新人類世代の有名人としては、とんねるず、ダウンタウン、松田聖子、田原俊彦、俵万智、三谷幸喜、平田オリザ、布袋寅泰、石原良純、原田大三郎・藤原ヒロシなどがいる。

ここで思うことは、ベルエポック世代にはまだ残り、**80年代の新人類の登場とともに消えていったのが「義理人情」と「恥の文化」**だったような気がする。これは、それ以前の日本人のエートスと呼べる徳目だ。

例えばベルエポック世代が子供の頃は、仁俠映画が全盛期であった。浪曲、講談、落語などがまだ人気を博し、義理人情の世界はそれなりに日本人に愛されていた。当然ベルエポック世代もその文化の影響を受けて育った。

ところが任俠映画は、73年の『仁義なき戦い』（監督　深作欽二）のヒット以来、暴力シーン連続の実録ヤクザ映画に変容する。任俠映画のスターであった藤純子の『**緋牡丹博徒**』シリーズの最後は72年で、以来、89年の現代劇『あ・うん』（監督　降旗康男）まで彼女はスクリーンから消える。

同じく高倉健の最後の任俠映画は、75年の『**日本任俠道　激突編**』（監督　山下耕作）で、以来高倉も現代劇に転身した。この任俠映画の消滅とともに、義理人情という言葉も死語と化していったような気がする。

一方、アメリカの文化人類学者ルース・ベネディクトの『菊と刀』は戦中の日本の文化を解析した著作であるが、この本で指摘された「恥の文化」は、戦中派が現役であった70年代までは日本の社会に根付いていた。消え去ったのはやはり80年代だったような気がする。

例えば**マンザイブーム**が80年に起こったが、その中から登場してきたタケシは毒舌漫才で一世を風靡する。タケシの笑いの本質は、ユーモアでも風刺でもなく、おふざけ、悪のりであった。彼のスローガン「赤信号、みんなで渡れば怖くない」の大流行とともに、日本人は恥の文化を忘れていったのではないだろうか。

これに追い打ちをかけたのが、たけしの後には、ダウンタウンととんねるずがそれに続いた。アメリカから流入した**性革命**である。避妊薬、産まない性、ドラッグ、ハードコア、ゲイなどというのは、70年代のカウンターカルチャーの勃興と共に知られるようになったが、70年代においては、それはまだ社会の表には出てこなかった。70年代後半は、大島渚の『愛のコリーダ』（76年）が「わいせつ物頒布罪」に当たるとして起訴されるような時代だったのである。

ところが80年代に入ると、日本中に**新手の性風俗産業**が登場してくる。ビニ本自販機が日本中に設置され、ノーパン喫茶、覗き喫茶などが流行した。性が産業として臆面もなく表舞台に躍り出てきたのが80年代である。以来、欲望むき出しの金満社会が到来するが、その時社会に躍り出てきたのが60年以降に生まれた新人類だった。

つまりベルエポック世代が社会に出て間もなく、社会の主役は後からやってきた新人類に取って替わられてしまったのである。こうしてベルエポック世代は、新しい世代からも排除され、浮き上がった存在と化してゆく。ある意味でベルエポック世代は、**団塊の世代と新人類世代の間に挟まれて、自分達の時代を築くことができなかった世代**であるともいえよう。自分たちの時代を確立する前に新人類に席を奪われてしまったからだ。

特にベルエポック世代前半の人たちの中で、80年代文化に同化することができず、**「遅れてきた青年」のまま社会で放り出されてしまう者**がかなりいた。まるで、古い列車に乗り遅れた青年が、トイレで用足しをしている間に金ぴか列車がやってきて、気後れのためそれにも乗り損ねたと形容できるかもしれない。

実は、**オーム真理教**の麻原彰晃は、私と同じ1955年生まれであるが、彼は、列車に乗り遅れて、新しい時代にもついてゆけずに自分を見失った多くの若者を、自分の教団に吸収していったラスプーチンだったといえる。80年代は**「統一教会」**や**「エホバの証人」**もたくさんの信者を獲得し、**「幸福の科学」**が大川隆法によって設立される。

一方、全共闘的なものを引きずったベルエポック世代は、その後いわゆる**「市民運動」**の主体となって反原発闘争などに参加していった。年表にも記したが、アメリカの**スリーマイル島の原発事故**が起こったのは79年、**チェルノブイリ原発事故**が起こったのは86年で、学生運動に替わる形で反原発闘争は盛り上がってゆく。しかしそれに参加した者は、その後はマイナーな存在として気がつくと社会の表舞台から消えていった。正直な話、このグループが再び注目を浴びたのは、東日本大震災時の福島原発事故の時である。

以上、ベルエポック世代についていろいろ述べたが、心理学では、二つの異なる世界と交差する世界にいる人間をマージナルマンというが、まさにベルエポック世代は「**マージナル世代**」として生きることを余儀なくされたともいえよう。マージナルマンは、自己のアイデンティティを把握できず、常に不安に駆られるとされているが、確かに彼らの特質に、言いようのない不安というものはあったかもしれない。

ともあれ、この世代の特質について書き並べていけばまだまだ書くことはいくらでもあるだろうが、とりあえずこの辺りで世代論は切り上げることにする。

というのも、本書の目論見は、あくまでベルエポック世代を襲うこれからの危機と生き方について考えることにあるからである。

世代論は、問題提起の中で、また触れていくことになるだろう。

第１章

ベルエポック世代を襲う若者問題

無業の若者たち

プロローグでも記したように、今日本で一番深刻な状況に陥っているのはベルエポック世代ではない。実は若者がもっとも深刻な状況に直面している。

若者問題といえば**失業**がまず思い浮かぶが、総務省の労働力調査（２０１３年11月発表）によれば、完全失業者総数約２６３万のうち、15歳〜24歳が約33万人、25歳から34歳が約64万人となっている。これは完全失業者総数の約36・９％だが、全就業者数約６６２９万人と比較するとたいした数ではない。ちなみに「労働力調査」とは国民の就業や失業の状況、あるいは労働者の動きに関する調査で、毎月総務省により公表される統計だ。

ギリシャやスペインの話をニュースで聞いている我々にすれば、この数字を見ても、なんだこの程度かと思ってしまうだろう。日本はまだまだ大丈夫と安堵してしまいそうだ。しかしこれについては、完全失業率の定義にそってものを考えなければならない。

そもそも完全失業率というのは、15歳以上の無職で、現在仕事を探しており、仕事があればすぐに就くことができる人の数を労働力人口で割った数字をさしている。

ところで労働力人口というのは、15歳以上の就業者と完全失業者の合計をさし、就業者とは、調査期間中、月末の１週間に少しでも仕事をした者をさしている。この１週間のうちのたった１

時間でも賃金が得られる仕事をしたなら、就業者と見なされる。このためネットカフェで寝泊まりしながら月に数日ティッシュ配りをする青年や、週末だけファミレスで配膳をおこなうパート主婦も就業者と見なされる。

これについて総務省の統計(「労働力調査」雇用統計2013年2月19日発表)によれば、平成24年各月平均で、1週間の就業時間が1時間以上で35時間未満しか働いていない人の数が1388万人いる。この人たちは、自力で生計が成り立っているとは考えにくい。このうち15歳〜34歳は366万人(うち280万人が非正規職員)である(「労働力調査 第7表 雇用形態、月末1週間の就業時間、年齢階級別役員を除く雇用者数」)。

また、休業中の人は失業者とはいわない。彼らは仕事を休んでいるだけだからである。しかし実態は、失業予備軍と言える。

さらに仕事探しを諦めた人も失業者といわない。いわゆるニートは失業者ではないのだ。

そもそも**ニート**という言葉は、1999年にイギリスの政府機関・社会的排除防止局が作成した調査報告書で初めて使用された言葉だった。この報告書で、教育、雇用、職業訓練のいずれにも参加していない、義務教育修了後の16〜18歳(もしくは19歳)までの若者をニートと呼んだのである。

日本においては、厚生労働省が15〜34歳の年齢層の非労働力人口の中から学生と専業主婦を除

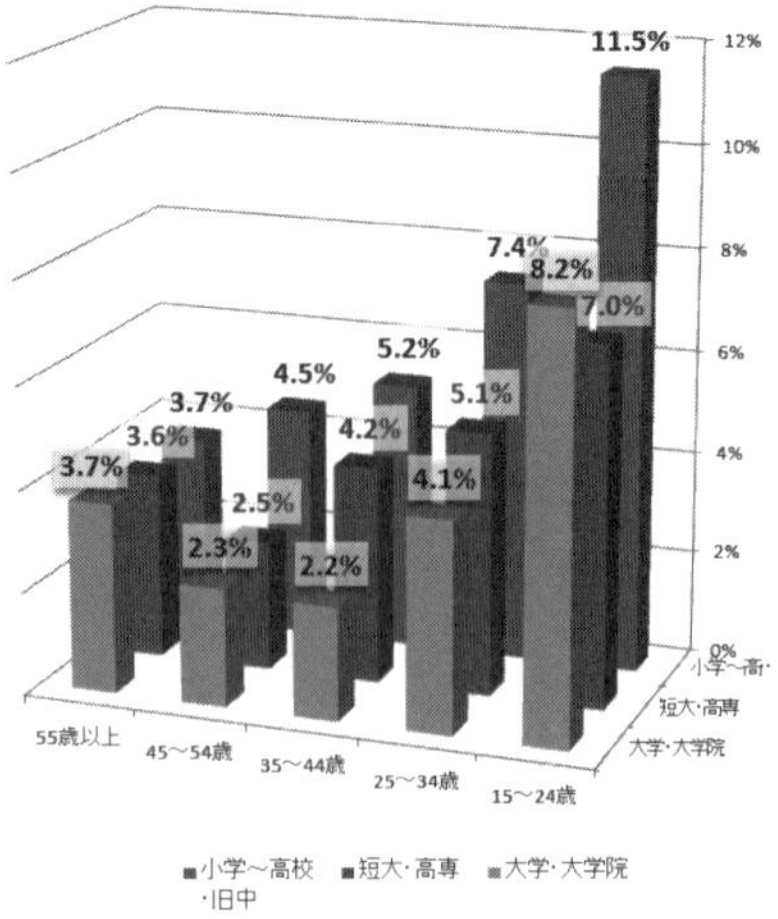

学歴年齢階級別完全失業率（２０１１年）総務省労働力調査から

き、求職活動をしていない者をニートと定義している〔なお2013年7月発表の就業構造基本調査（総務省）によると、2012年におけるニートの数は、15~34歳の総人口の2・3パーセント（約62万5千人）となっている〕。

ここで我々は、ニートの中身について少し考えてみる必要がある。ニートといっても、実際には病気療養中の者や進学準備中の者が含まれているだろう。しかしながらこの中にいわゆる**「引きこもり」**も含まれていることが問題だ。これについては、2010年に内閣府がおこなった「引きこもり」全国実態調査（15~39歳対象）というのがあるのだが、これによれば、いわゆる「引きこもり」に該当する者は約70万人と発表されている。この数は、総務省の統計（「労働力調査」）で発表しているニートの総数と、一致はしていないがほぼ近い数となっている。

最近は「**孤立無業**（ＳＮＥＰ）」などという言葉がクローズアップされてきているが、これは玄田有史さんにより提唱された概念で、「20歳以上の無業者の中で、ずっと一人か、一緒にいる人が家族以外にはない人々」を指す言葉だそうだ（「引きこもり」を含む）。

玄田さんが総務省統計局の「社会生活基本調査」から導き出したところ、こうした孤立無業者は２０１１年の時点で１６２万人いたそうだ。これは男性だけの傾向ではなく、女性でも増えているようだ。

以上のことから、若者の雇用問題を考える際に、完全失業率の数値だけをもってきて議論しようとしても、実態と乖離することになる。そこで「労働力調査」の中の、「非労働力人口」という指標に着目することにする。

「**非労働力人口**」とは、完全失業者を除き、ニート、病弱者など就業能力のない不就業者、専業主婦、就業意思のない学生、定年退職した高齢者などが含まれている。

総務省の労働力調査によれば、平成24年度平均で、非労働力人口の総数は４５３４万人であるが、このうち15歳から34歳までの非労働力人口は、９５５万となっている。

ここで注意しなければならないことは、「非労働力人口」の中には家事労働者は含まれていないということだ。この家事労働者は、正確にいうと家で給与を貰って仕事をしている人ではない。

彼らは、労働力調査基礎調査票の「月末１週間（ただし12月は20～26日）に仕事をしたかどうかの別」の欄に単に「家事従事」と回答した人なのである。

この家事労働者は就業者としてカウントされ、最新の統計で約１６７万人いる（男30万人、女１３５万人）。15～34歳の総数は見つけることができなかったが、完全失業率の割合から類推すると約65万人前後だろう。では、本当に彼らは働いているのか。ここで、家事労働者の内実についても考えなければならない。

たしかに家事労働者の中で、本当に家業を手伝っている者もかなりいるだろう。しかし逆に、何もしていない人の数がかなり含まれていることが問題だ。

以前は、家事労働者、特に女性の家事労働者は家事手伝いなどといわれ、特に問題視されることはなかった。彼女たちは花嫁修業と称して、お茶やお花などのお稽古事に精を出し、着飾って暮らしていたからである。親にとっても、そうした娘を手元に置くことは、悪い虫から娘を守る手段であると同時に誇りだった。どうぞ私の娘を見てくださいという訳だ。ところが、現在は花嫁修業という言葉は死語と化そうとしている。なぜなら、後述するように、花嫁になりたくとも、適当な嫁ぎ先がないからだ。

こうして**「パラサイト・シングル」**が誕生してゆく。

「パラサイト・シングル」とは、「学卒後も親と同居し、基礎的生活条件を親に依存している未婚者」を指している。東京学芸大学助教授であった山田昌弘さんによって提唱された造語・概念で、パラサイトは寄生、シングルは独身の意味である。学卒後は親に依存していなくても、学卒前までに親や祖父母等から過剰な贈与や財産分与をもらった場合も含む。親と同居しているケースもあれば、同居していないケースもある。

パラサイト・シングルという言葉で問題となるのは、いわゆる若年ではなく中年の人々である。総務省の統計研修所が2011年にまとめた推計では、35〜44歳の6人に1人、約300万人が未婚のまま親と同居している。

この300万人の中身はさまざまで、立派な仕事をしている人もいれば、家事であったり、パートであったり、無業であったりする。しかしこの中にかなりのパラサイトが含まれていると推定される。なぜなら彼らは独立して生計を営んでいるわけではないからだ。そしてベルエポック世代が産んだ子供も含まれている。

ところで、現在の若年未婚者が、将来優雅なパラサイト・シングルになれる保障はない。なぜならパラサイト・シングルとして生きてゆくためには親に相当な財産がなければ駄目だからである。いわゆるベルエポック世代が、今後も子供に財産を残せる可能性は低い。これについては、後で見てゆくが、ベルエポック世代の未来は、自分が生きてゆくだけで精一杯というのが今後の見通しである。

ともあれ、1週間の就業時間が1時間以上35時間未満の者、完全失業者、それに非労働力人口、さらに無業の家事労働者を65万と見積もってすべて足すと、なんと15歳から34歳までの、自立して生計を営めない者の総数は約１４９０万人となるのだ（平成24年各月平均）。

ここで思い出していただきたい。序章で、２０１２年10月の時点でベルエポック世代の数は１６８０万人と書いた。**このベルエポック世代の子供もしくは孫に相当する15歳から34歳までの、自立して生計を営めない者が１４９０万人もいる**のだ。

もちろんこの１４９０万人がすべてベルエポック世代の子供もしくは孫というわけではない。またこの中には専業主婦も含まれており、専業主婦についてはベルエポック世代が心配する対象ではない。しかし、それにしても膨大な数ではなかろうか。

これから老後を迎えるベルエポック世代にとって、この存在は無視できるものではない。なぜなら**彼らが独り立ちできるまで援助を続けていかなければならない**からだ。

大学は出たけれど

次に、ベルエポック世代の子もしくは孫の代となる、学校に在籍している者の現状について考えてみたい。

今年64歳になる人が、高校に入学したのは昭和40年である。その時短大を含めた大学進学率は約25パーセントだった。それが平成23年には、専門学校も含めて高卒の約70パーセントが進学するようになった。ちなみに昭和40年の高校進学率のほうは71パーセントで。現在は97パーセントを超えている。
つまりイメージとしては次のようなことが言える。

かりに昭和40年に子供が10人いた場合、あまり勉強が得意でない子の3人は金の卵として中卒で就職し、普通の子5人は高卒で就職し、優秀な子2人が大学に進学したのだ。この場合、いずれも就職率は百パーセントだったと考えてよい。しかも大学進学といっても、当時は奨学金が出たし、大学の学費も安かった。親はほとんど学費を出さず、子供がアルバイトで生活費を稼ぐというのが普通の形だった。親が学費を出した場合でも、大学出身はエリートなのだから、学費は将来に対する効率の良い投資と考えられていた。だから子供は、将来の保険であり得た。その子供が、自分の老後の面倒をみてくれる可能性が大だったからだ（60年代にヒットしたテレビドラマ『若者たち』に見るように、大学に進学した弟（山本圭）の学費を長男（田中邦衛）が出すというケースも至るところで見られた）。

ところが現在はそうはいかない。四則演算ができない子も高校に進学し、そのうち何パーセントかはいじめに遭い、不登校となり、退学する。しかも高校に通うだけでばかにならない経費がかかる。その後莫大なお金をかけて大学に進学し、その何割かはさらに大学院に進学する。
なお文部科学省の「学校基本調査」によれば、平成23年度の在学者数は、大学289万人、短大15万人、高専6万人、専修学校6万人、各種学校1万人（千の単位切り捨て）となっている。これを足すと、全体で317万人となる。一方、大学に入るために予備校に通っている者がいる。予備校の在籍者数を表わす正確な統計はないが、大手予備校発表の在籍者数から判断すると、これは30万を越えている。これに加え、学校と認定されていない学校で学んでいる人もまたかなりの数に上ると思われる。

これらの総数を合わせると、現在学校に在籍している人の総数は350万人から400万人の間と見られる。この人たちの**学費のかなりの部分をベルエポック世代が支出している**と思われる。

大学生の中で働いている者は、約99万人（平成23年各月平均）いるが、大学生のアルバイトは多くの場合は小遣い稼ぎであって、生活費や学費は基本的に親が出していると見なさなければならない。

しかもここで問題なのは、大学に通っている人のかなりが、いわゆるモラトリアム層であるということだ。仕事がないから大学に通っている者がかなりいる。近年職業高校において進学率が高まった理由として、新卒でも就職がないため、とりあえず大学に進む者が増えた、という事情がある。

それに加え、大学や専門学校に留年して何年も勉強に勤しんでいるモラトリアム層もまたいる。大学の留年は約4万5千人に上る。これも就職できないためにそうしている者がかなりいる。

また大卒のうち、約7万5千人が大学院の修士課程に進学し、さらに1万5千人が博士課程に進学するが、これらの人は、いわゆる高学歴がアダとなって、卒業してから逆に雇われず、いわゆる「**高学歴失業**」に陥ってしまう可能性がある。実際東大の大学院を出た学生が、「面接で高学歴すぎて雇えない」と言われて落とされたと報道されている。

また留学で何年か過ごすものもいるが、そのまま帰国しなかったり、帰国しても希望の職種に就けなかったりしてパラサイトになる若者がかなりいる。

なお2013年8月に発表された文科省の学校基本調査速報によれば、2013年に大学を卒業した56万人のうち、安定的な雇用についていない人が11万5000人いた。**大卒の5人に1人は安定雇用につけなかった**のである。

ところで今、幼稚園から高校まで、実際に一人の子供に学費はどのくらいかかるのだろうか。これについては、文部科学省の「平成22年度子どもの学習費調査」で次のように算出されている（次頁の表）。

しかしこの程度で済むと思っている親は一人もいない。日高教による「2009年（H21）度高校生の修学保障のための調査」では、授業料を除いた初年度保護者負担金平均額を、全日制高校の場合、男子が20万5460円、女子が21万945円と算出している。これは授業料のおよそ2倍だそうだ。

その内訳は「PTA会費」や「生徒会費」「同窓会費」「後援会費」「修学旅行積立金」「冷暖房

幼稚園 公立	幼稚園 私立	小学校 公立	小学校 私立	中学校 公立	中学校 私立	高校 公立	高校 私立
23万1920円	53万7518円	30万4093円	146万5323円	45万9511円	127万8690円	39万3464円	92万2716円

子どもの学習費（年額、円）

費」「設備費」「進路指導費」「進路研修費」などである。中でもきついのが「修学旅行積立金」で、全日制高校の平均総額はなんと9万7096円だそうである（もっともこの数字は現状にあっていない。最近では修学旅行に20万近くかける学校もざらである）。この他に、制服や教材など、自腹で購入しなければならない費用もかなりあり、通学費用もこれには含まれていない。

現在、公立学校では授業料の未納が激増しており、これが問題となっている。授業料だけでなく、給食費を払わず給食を食べている子も多い。中には修学旅行の積立をしないで、学校にその金を出せと乗り込んでくるモンスター・ペアレントもいる。

一方、大学の学費がどのくらいかかるについては、ベネッセのサイト、「マナビジョン」（資料は文科省その他による平成23年度の調査）によれば、

初年度納付金が、

国立大学　81万7800円
公立大　93万9352円
私立文系　115万5318円
私立理系　150万1833円
私立医歯系　489万2648円

となっている。

また、在学中にかかるお金は

国立大学　214万3200円
公立大　214万6528円
私立文系　361万2044円
私立理系　493万2492円
私立医歯系　2320万7316円

となっている。

もちろん、この数字を見ただけではぴんとこないだろう。

ＡＩＵ保険は一人の子供が幼稚園から大学を卒業するまでにかかる教育費を、塾や家庭教師を含めて、一人1345～4424万円かかると算出している。少ないほうは、幼稚園から大学まですべて国・公立に通った場合。多いほうは、私立幼稚園、公立小、私立中、私立高、私立大医学・歯学部に通った場合である。

これだけお金をかけて大学を卒業した後に「高学歴失業」ではたまったものではないが、かりに4千万円かけて医者になったとしても、親にリターンはない。そのことは肝に銘じたほうがよい。4千万円かけて子供を医者にした親が、老後は一人寂しく暮らし、たまにくる孫に、さらに金をせびられる有様を私は何度見聞きしてきたかわからない。

『**大学は出たけれど**』というのは小津安二郎が作った映画の題名で、戦前の不景気時代を揶揄した言葉だが、この言葉はそっくりそのまま現代に当てはまる。

今、**親は莫大な教育投資をしてもたいした見返りは得られない**。それどころか、卒業してから何年も脛をかじり続けられることになる。そしてそのお金は、ベルエポック世代が貯蓄を切り崩して負担していかざるを得ない状況にある。

今までも、ベルエポック世代は子供のために莫大な教育投資をしてきた。その彼らが、退職後、今度は孫のために教育資金を援助しなければならない可能性がある。なぜなら自分の子供には金がないからである。ではなぜ彼らの子供には金がないのか。次にその理由について考えてみよう。

いつまで派遣が続くのか

　自分の子供が運良く失業を免れて仕事にありついたとしよう。先程の労働力調査によれば、15歳から34歳までで、週平均就業時間が35時間以上の人は１１７７万人いた。週35時間以上働いているのであれば、援助はいらないだろう。そう思いたい。しかし現実にはそうはならない。なぜなら多くの若者が、**派遣**という不安定な身分で仕事をしているからだ。すなわち、**非正規職員が増加の一途を辿っている**のだ。

　これについては労働力調査の中に、「非正規労働者比率」という統計が存在する。これは、パート・アルバイト・派遣・契約・嘱託といった非正規労働者の割合を年齢別に記した指標である。これを見ると、近年、男女とも若者の非正規比率が急激に高まっていることがわかる。いわゆるフリーターが増加の一途を辿っているのだ。

　繰り返しとなるが、２０１２年平均の統計で、週平均就業時間が35時間以上働いている15歳から34歳まで雇用者１１７７万人のうち、非正規雇用者が２２１万人となっている。また既述したように、週平均就業時間が35時間未満で15歳から34歳の労働者３６６万人のうち、非正規雇用者は２８０万人いる。これを合わせると、**この年齢のほぼ３人に１人が非正規雇用**となっている。ところが**15歳～24歳に限定すれば、ほぼ２人に１人が非正規雇用**となっているのだ。

（この件について、総務省が２０１３年の７月に発表した「就業構造基本調査」によれば、２０１２年に非正規労働者の総数は２０４２万人となり、前回調査の２００７年に較べて１５２万人増加した。また過去5年間に転職した正規労働者のうち非正規に移った割合は40パーセント、逆に非正規から正規に移った割合は24パーセントとなっている。要するに、現在も悪くなる一方なのである）

この非正規労働が格差社会を生み、この格差地獄に陥らないために、先に述べたように、親たちは子供の頃から塾に通わせ、莫大な教育投資で子供を大学に入れようとしてきた。これではまるで「たこ足食い」のようなものだ。

ところが繰り返しになるが、アベノミクスで湧いた２０１３年の春も、大卒者の５人に１人は安定雇用につけなかったのだ。

この派遣が増えた背景には、**経済のグローバル化によるメガ・コンペティション（大競争）**への突入によって、企業が人件費の削減に踏み込んだ事情があった。特に円高の進行で、企業が海外移転を余儀なくされ、国内で製造するには正社員並みの給与を払えないと企業のトップが決断、それを承けて２００４年に小泉内閣が労働者派遣法を改悪し、製造業の派遣を合法化したのである。

１９８６年に労働者派遣法が施行されて以来、現在まで何度か規制緩和が実施されてきたが、今は事実上自由化の状態である。この間派遣社員の平均賃金は切り下げられ、かつてのような年間単位の契約も減って、１カ月単位の超短期契約が常態化してきている。社会保険加入義務を逃れつつ、いつでもクビ切りができる契約形態も増加している。しかも問題は、主婦のパートならまだしも、多くの職場で、非正規の若者が正社員並みの労働を課せられ、サービス残業、パワハラ、セクハラが当たり前の状況と化していることである。まさに正社員以上に働いて、待遇はその半分といったことが状態化しつつある。しかもそれによって、企業は以前では信じられない内部留保を蓄積している。そして利益は労働者にではなく株主に還元されるようになった。

一体**人類が百年もかけて勝ち取った労働法の精神はどこに捨ててきてしまったのか**。これでは産業革命の時代に逆戻りである。

総務省の調査では、１９９５年から２００６年の間に正社員が４３９万人減り、非正規社員は６６２万人増えた。これに伴い人材派遣ビジネスが大きく成長し、派遣の原則自由化の中で業務請負業から新規参入を果たした企業などが大きく業績を伸ばした。派遣会社の事業所数は約２万箇所、派遣先は約50万件を超えている。

本来**人入れ稼業**というのは、中間搾取によって成り立つ業種で、**昔であればヤクザの仕事**だった。そうでなければハローワークのように公共機関が請け負うべき性質の仕事だった。したがって、これは**金儲けの目的で設立すべきものではない**。公的機関だけでは無理だとしても、せめてNPO法人として操業させるべき業種のはずだ。

しかし今さら時計の針を後戻りさせることはできないだろう。派遣を止めると日本企業の国際競争力がますます落ちると見なされているからである。外国で売れなければ日本で売ればよさそうなものだが、賃金を下げることで日本の購買力も低下し、日本の経済は負のスパイラルに陥っている（2013年にローソンが正社員の賃金を上げたが、それは3300人の正社員で、18万5千人の非正規社員は対象外だった）。

2013年8月20日、厚生労働省の有識者研究会が、この問題について検討し、政府に提言を行なった。それによると、無期限で派遣雇用が認められている専門26業務の特例をなくし、すべての業務で、一人の派遣労働者が同じ職場で働ける期間を最長3年にするよう提言された。その上で、労使協議を開いて異論がなければ、企業は別の派遣労働者を受け容れることができるとしている。

この提言は、結局のところ労働者側には何のメリットもない提言に思える。多くの企業は派遣が活用しやすくなり、これによってますます派遣が増えるのではないかと指摘されている。一方一部の専門職の労働現場では、逆に3年でスペシャリストの人材を変えねばならず、変えた時点で現場が機能マヒを起こしてしまう可能性が懸念されている。例えばテレビ局やコンピューター関連企業がそれに該当する。だからそうした企業がその人を正社員にするかというとそうはならない。これらの業種は、もともと派遣で成り立っていた業種だからである。

　このように、派遣の問題は対処が難しく、今後政府が真剣に取り組んでいかなければならないテーマである。基本的には正社員を増やす方向で検討しなければならないが、かりに派遣から運良く正社員になれたとしても、現在の日本では、そのまま終身雇用で終わるという保障はない。終身雇用制は、日本ではとうの昔に消え去った制度であると考えてよいだろう。

　厚生労働省の調査によれば、２０１２年の大卒の離職率は35％を超えている。新卒者のうち、実に入社３年以内に会社を辞める人たちが10人中３人以上いるのだ。ところが残った人たちも、その後会社が倒産したり、リストラにあったりして躓くことになる。

　してみれば、**現在の若者で、学校を出てすぐ正社員として迎えられ、そのまま人生を全うできる者は極めて限られた数**ということになろう。公務員はそうでないという人がいるが、公務員の世界でも、現在は派遣、臨時、パートが激増し、新卒で公務員になれる人の数は激減している。学校現場では10年以上臨時講師という先生がかなり存在する。これもまた異常な事態である。

　これについては経営者のほうにも理屈があり、今の若者の労働の質は低下しており、会社が倒産のリスクを冒してまで多数の正社員を抱え込む義務はないと言い放つ。しかしかつてのように労働者を育てるという発想が欠如しているのだから、労働の質が低下するのも当然だ。最近派遣社員によるネット投稿写真が度々問題化しているが、派遣社員に愛社精神を説いてもそれは無理な話だ。派遣は日本の製造業全体の質の低下をまねく原因の一つとなっている。そして選ばれた正社員による非正規労働者いじめが繰り返され、それがまた離職率を高めている。このため、かつて日本企業で保たれていた伝統的技術の継承さえ覚束ないものとなっている。

これに関連して、インターネットのブログ「会社ウォッチ」２０１２年6月19日の記事配信は、次のような見出しとなっている。

「おかしくないか？　日本企業８割が感じる『人材不足』」

これによると、**日本企業のなんと81％が「人材不足を感じる」**と答えた調査結果が出たそうだ。これは、マンパワーグループが日本企業１０１１社を対象に実施したもので、２０１２年の日本における企業の人材不足感は、前年同期比１ポイント増の81％にのぼり、６年前の調査開始以来の最高値を記録しているそうだ。

どうしてそういうことになったのか。

話は簡単だ。企業が若者を育てず、即戦力で人を雇おうとするからである。働くほうも愛社精神がわかないので、より条件が良い企業が見つかるとすぐ会社を辞めてしまう。**だからどこの企業も人材不足に陥っている**のだ。

かつては中小企業の低賃金で大企業は成り立っていた。それを「日本経済の二重構造」と呼んでいた。今は派遣の認可による下請け、孫請けの「多重構造」状態となって現場の労働者は信じられない低賃金に喘いでいる。それでも日本企業は国際競争力を失ってしまっている。もちろん円高がその主な理由だが、加えてリストラされた日本の技術者が、その後に中国や韓国の企業に雇われ、日本企業が培ってきた技術が簡単に流出しているのも理由の一つだ。別に雇われなくとも技術は流出するだろうが、その速度を速めていることは間違いない。企業にすれば、クビを切って経費を削減したつもりが、その企業が持っている技術そのものを安易に競争相手に垂れ流していることになるのだ。韓国や中国にすれば、開発に莫大な金をかけなくとも、簡単に技術を入手できるのだから、いくらでも製品の値段を下げることができる。その結果、日本が誇る超優良企業の国際競争力は低下し、ますます若者の仕事がなくなるという、これも**負の悪循環**に陥っている。

今、若者の仕事がなくなると言ったが、実際のところ、平成23年度の年齢別平均賃金を見れば、若者がいかに困窮しているかがわかる。これについては平成24年度版の「子供、若者白書」に23年度の厚生労働省発表「賃金構造基本統計調査」が載せられているので、これを参考に月収を図示すると次のようになる（千円以下四捨五入）。

これは平均値であり、意味のない数字かもしれないが、ここで注目したいのは、**非正規社員の**

	男		女	
	正社員	非正規社員	正社員	非正規社員
２０～２４歳	２０万	１７万	２０万	１６万
２５～２９歳	２４万	２０万	２２万	１８万
３０～３４歳	２８万	２１万	２４万	１８万

雇用形態別の平均賃金（平成 24 年度　子ども・若者白書）

給与はいつまでも上がってゆかないという事実である。そしてこの月収では、到底一馬力で家族を養うことはできないだろう。これでは一生涯「奴隷の身分」から脱却できない。いわば封建時代の身分の固定化と同じだ。労働者を大事にしないで、ちゃんと働けと言っても無理な話だろう。今は全世界的規模で貧富の差の拡大が問題となっているが、こうしたことを続けてゆくと、本体そのものが死んでゆくことになりかねない。宿り木である経営者や株主はそのことを反省する必要があるだろう。

このように、ベルエポック世代の子供たちは、希望がない労働環境の中で、もがき苦しんで生きている。

子の苦しみは親の苦しみであり、それを放置することはできない。そのため、親はいつまでも援助を継続しなければならない。そして子供は結婚できないまま、いつまでも親元で過ごすことになるのだ。

結婚しない若者たち

ここで非正規職員の生活実態を把握するため、今度は「労働経済白書」をちょっと覗いてみることにする。この白書の中には、男子雇用者における正規、非正規別の有配偶率というのがある。これを見ると、非正規従業員の有配偶率（結婚している比率）は、正規従業員の半分前後となっていることがわかる。

これに関連しては、国勢調査の中に、「年齢別未婚率」という統計がある。この統計は、年齢別の未婚率の推移を、男女別に、20歳代後半、30歳代前半、そして50歳時（いわゆる生涯未婚率）について、大正9（1920）年の第一回国勢調査から示したものである（次表は1950年からの推移を載せている）。

それによると、男女の未婚率は調査を開始した1920年から1970年まで間に約2倍となっているものの、この半世紀は基本的に大きな変化がなく推移している。ところが、70年代後半から男女とも未婚率が急上昇し、2010年においては、なんと20歳代後半の男性の7割、女性の6割、30歳代前半については、男性の約5割、女性の3割5分が未婚となっているのだ。

この統計により、日本の将来の人口動向がどのように変化するのか、またそれが経済にどのような影響を与えるのか想像できるが、これは考えるだけで暗澹たる気分に陥る。**20代と30代の男**

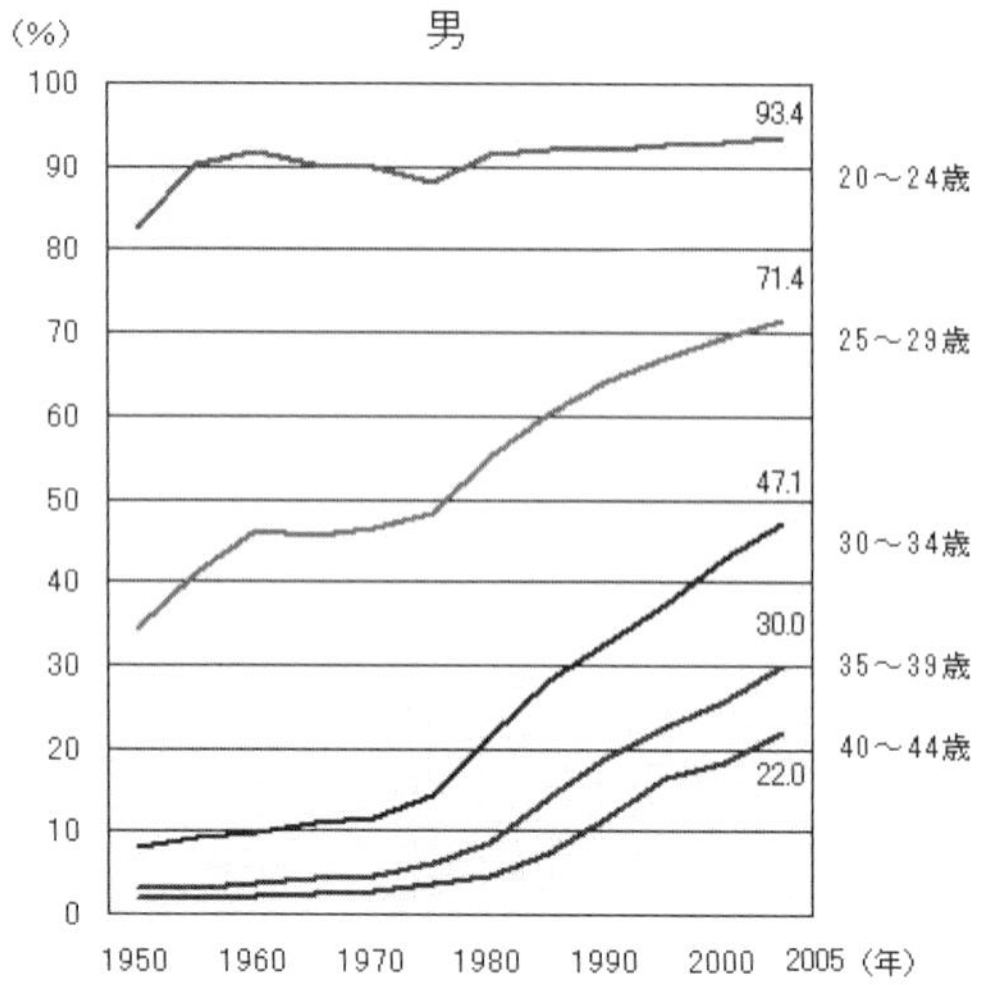

年齢別未婚率（男）2010 年国勢調査（総務省統計局）

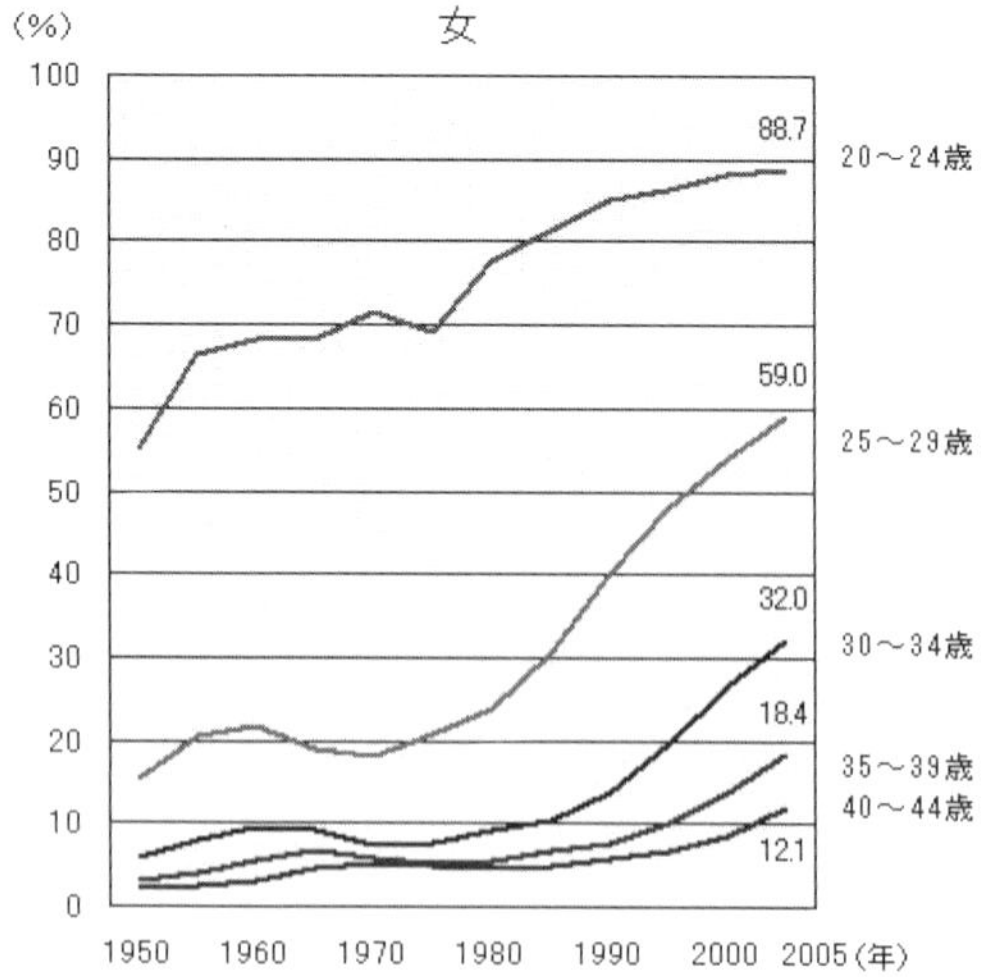

年齢別未婚率（女）2010 年国勢調査（総務省統計局）

女のほぼ半数が結婚していない社会というのはどのような社会なのか。それは人間の生理に反する社会と言ってよい。

実際厚生労働省の人口動態統計によれば、２０１２年の日本の人口減少幅は過去最大の21万2千人にのぼるということである。出生数が死亡数を下回る「自然減」は6年連続。出生数は統計の残る１８９９年以降で最少の１０３万3千人を記録している。今後高齢者の死亡が増えていけば、日本の人口減少には歯止めがかからないことになるだろう。

それにしても、**どうして日本の若者は結婚しなくなったのか**。

70年代後半から未婚率が増加してきたということは、実はベルエポック世代が適齢期に達した頃から未婚が増加してきたということを意味している。ベルエポック世代は、自分たち自身が結婚しない人生を選択した世代だったと言える。

その理由について、高度成長から低成長時代に入ったという経済的理由に根拠を求めるのには無理がある。なぜならベルエポック世代が家族を養えぬほど困窮したという事実はないからだ。後でリストラという苦しみに遭遇するものの、派遣などで苦しんだことはない。それに婚姻と出生は、むしろ貧しい国ほど多い傾向にあり、団塊の世代が誕生した時も日本は貧しかったことを思い起こす必要がある。

70年代後半から未婚率が増加した理由としては、むしろ社会文化的なさまざまな要因が強く作用したと思われる。例えばウーマン・リブの運動やフェミニズム文化の浸透、女性の高学歴化、職場進出とキャリア化、性の解放、個性の尊重などである。つまりこの時期から女性が家の中に籠もることを拒否するようになったのだ。この結果、結婚が人生の最高の価値ではないとする意識が社会全体に広まっていった。専業主婦であっても、主婦としての権利を主張するようになってゆく。

いわゆる「雷親父」や「亭主関白」が消滅してゆくのはこの時期だ。さだまさしの『関白宣言』がヒットしたのは1978年だが、これは失われたものに哀惜を注ぐノスタルジーソングだったと言えるかもしれない。

また、この問題で特に気になるのは、**給与振り込み制度の開始が、未婚率が増加した年と一致している**点だ。単なる偶然といえばそれまでだが、家計を妻に握られて以来、男は結婚を避けるようになった。この制度ができて以来、家計はすべて妻に握られ、男は妻から小遣いをもらう立場に成り下がったからである。

チャップリンに『**給料日**』という映画あるが、これには給料をもらった瞬間に、それを取り上げる鬼のような妻が登場する。以前は妻に給料を渡さぬ親父が問題であったが、給与振り込み制度以来、夫は給料を手にすることもない。その上感謝もされず、頭を下げて小遣いをもらうのだから面目丸潰れだ。これでは妻と別れて金を自由に使いたいと思う男が激増するのも当然だろう。

一方、妻のほうから見れば、女性が職域社会に進出して共稼ぎが常態化し、二人で働いているのに家事の負担を押しつけられ、その上子育てや親の介護も押しつけられて、「やっていられない」という思いがあったろう。**男女雇用機会均等法**の施行で、職場における女性の負担が増大すると、家庭における女性の不満はますます高じていく。

そうした夫婦の思いが図らずも子に感染し、男女とも一人で暮らしたほうが楽という意識が子供たちの間にも浸透していったのかもしれない。その結果、結婚を人生の最高の選択肢と思わない男女が増えていったと思われる。

今や**若者にとっては、最初から、結婚が人生の最優先価値ではなくなった**と言える。若者に流行したオタク文化というのは、異性との交際は疲れるので一人でいたいという意識の現われだが、これはベルエポック世代の子供から顕著に表面化した傾向である。加えてネットポルノ、デリヴァリーヘルス、ホストクラブなどの性産業の多様化、ファーストフード、コンビニ、出張家事サービスの普及などによって、若者はすべての責任を背負う配偶者というパートナーを必要としなくなってきたともいえる。今では**極めて手軽に性や食を処理できる世の中**となってしまったからだ。

また出生についても、ベルエポック世代以降は多産ではなく少産がもてはやされるようになった。そして育児、教育投資に金をかけるようになった。つまり、家庭を営む費用が以前の何倍もかかるようになったので、子供もたくさん産めなくなったわけである。加えて金をかけて育てられた子供は、結婚に対するハードルをどんどん上げていく。いわゆる三高でなければ結婚させない、しないという意識が親子ともども浸透していく。

この現実にさらに輪をかけたのが、いわゆる「**男性不況**」という労働現場の急変だった。近年、**男性向きの仕事が減り、女性向きの仕事が増えている**のだ。

これについては、永濱利廣さんの『男性不況「男の職場」崩壊が日本を変える』（東洋経済新報社）という本が話題となったが、これによれば、製造業が海外生産へとシフトしオートメーション化が進行、また過去には年間10兆円を超えていた公共事業費が4兆円台まで減った結果、力仕事を中心とする男性の雇用が減って、男性失業率が上がったというのだ。一方、病院や介護施設、事務やサービスなどの求人が大幅に増えているため、労働市場における女性の需要が高まった。実際、厚生労働、文科両省によれば、２０１３年春卒業した大学生の就職率（4月1日現在）は前年同期より０・３ポイント上昇したものの、男子の就職率は逆に悪化し、就職率も女子を下回ったそうだ。まさに男女逆転である。

とはいえ、すぐ男が家事に専念するというわけにもいかないだろう。このことが、男が働いて女が家を守るという伝統的家族のあり方を破壊し、未婚率を上昇させ、少子化にも拍車をかけているのだ。

こうした状況の中で、急激に若者の貧困化という要因が加わったため、今度は結婚したくても結婚できない若者が激増し、その結果、結婚しない若者と、結婚できない若者がダブルで増加していったのである。２０１３年8月26日発表の厚生労働白書案によれば、現在、18歳から29歳の男女の未婚者で、男性の6割、女性の5割が、交際相手がいないと報告されている。

これと関連するが、戦後大家族が減少して核家族が増加した。平成22年の国勢調査によれば、75歳以上の約半分は子と同居していない。そして、65歳以上の25％が配偶者のいない子と同居している（次頁表参照）。

このことから、おおまかながら次のことが推測される。退職前後の世代においては、自分の親と暮らしている者はあまり多くなく、自分の子供と暮らしている者が多い。さしずめ同居している子供というのは、未婚、非正規労働の子供ということになろう。

これが日本の若者の現状であり、退職前後世代の現実なのである。多くの場合、子供が成人に達した後も、子供に扶養してもらう可能性はほとんどなく、**成人した後も、結婚しない子供を扶養して暮らしているのだ。**

しかしこれは、家族のあり方としていかがなものだろうか。

本来年を取ったら子に扶養してもらうのが筋なのである。ところが親を扶養せず、いつまでも子を扶養しなければならないのが今の現実なのだ。考えてみると、これは個別の家族の問題というよりは、国家の存続を脅かす大問題のようにも思える。

つまり国は、企業の国際競争力を維持するというお題目の下、若年非正規労働者の数を増加さ

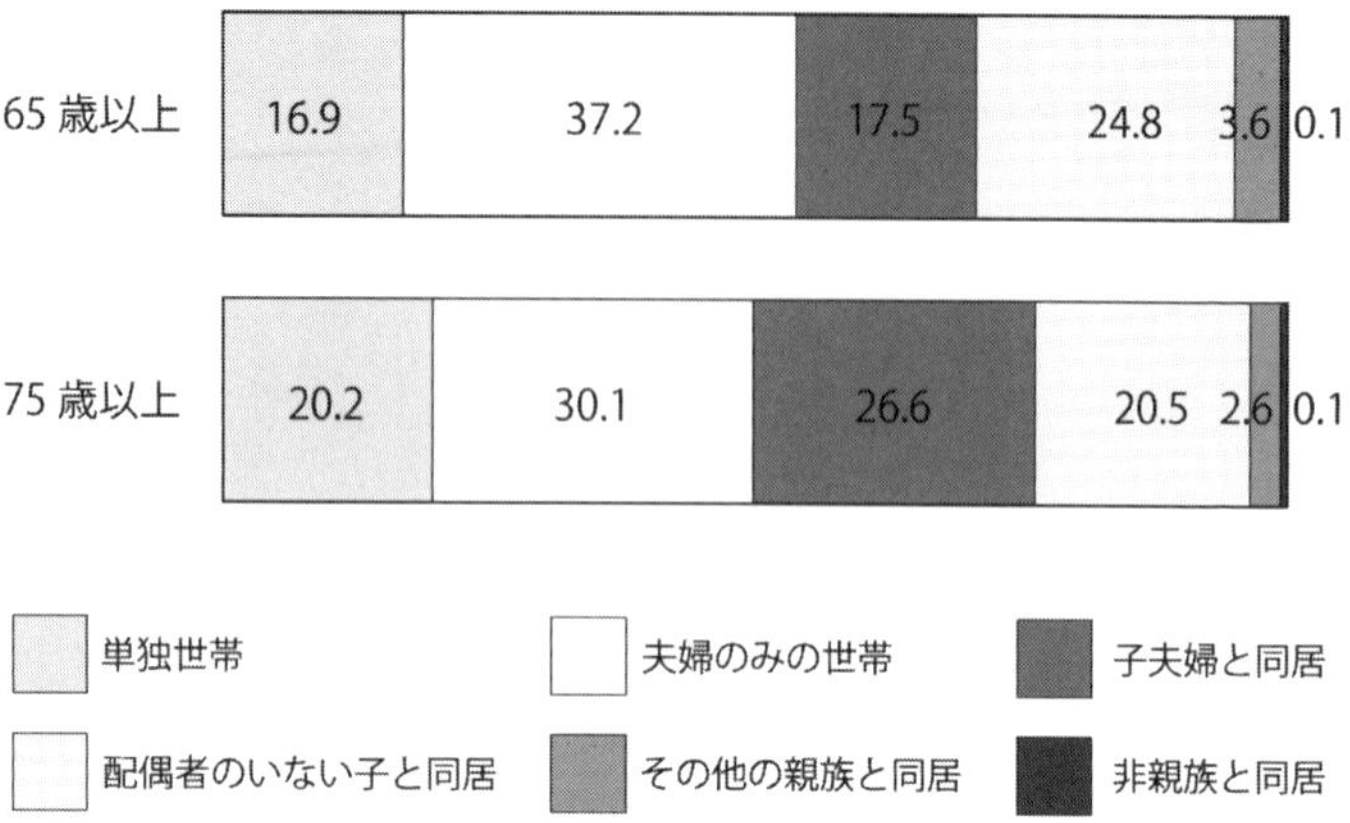

グラフでみる世帯の状況　国民生活基礎調査（平成２２年）の結果から

せるという形で結婚しない若者を増やし、日本の家族関係を破壊し、最後は人口減少という国家存続の危機を招いてきたといえるのだ。

これに対し、国は人口減少の対策として、子ども手当を増額したり、保育園の数を増やしたり、その場しのぎの対症療法的な施策を打ち出してきた。しかしそんな施策は焼け石に水と考えたほうがよい。今緊急に求められるのは、若年労働者の雇用を確保し、非正規労働者の数を減らすことである。

これについてはもう一度繰り返す。**今政府がもっとも取り組まねばならないのは、若年労働者の雇用を確保し、非正規労働者の数を減らすことである。**

若者の喘ぎは国民の喘ぎ

ここで再度確認するが、先ほど15歳～34歳の若者で自立して生計を営めない人が、１４９０万人ほどいると書いた。これに、週35時間以上働きながらも非正規社員である２２１万人を加えると１７１１万人となる。この１７１１万人は、経済的な意味で、将来に不安を抱えた若者である。一体彼らはこの後どうやって生きていくのか。そしてそれは、間違いなくベルエポック世代の問題でもある。なぜなら何度も言うように、この１７１１万人はベルエポック世代１６８０万人の子供もしくは孫だからである。

例えばベルエポック世代１６８０万人の中で、結婚していない人もいれば、子供のない人もいるだろう。また子供というのは夫婦二人で作るものであることを忘れてはならない。だとすれば、現在、**ベルエポック世代のほとんどすべての子もしくは孫が不安を抱えていると**いっても過言ではない。

そんなわけで、もはやベルエポック世代には、退職後に豪華客船で世界旅行というシナリオは約束されていないのだ。なぜなら退職金は、子や孫の生活費のために残しておかねばならないからである。

たしかにベルエポック世代が自分の子供や孫を援助する形態は多様であろう。

例えば、非正規労働者として独立している子供に継続的に仕送りするケースがある。この場合は、将来に不安があるものの、当面の苦悩はない。部分的援助であるため、収入や退職金があるうちは困らないからだ。ただし、これも病気にかかってしまえばお仕舞いとなる。それと退職金がいつまでもつかについては一考を要する。これについては後でまた見ていこう。

問題なのは、**無業の子供が、働かずに家に住んでいる場合**だ。彼らは昔のように家の手伝いをするわけではない。引きこもりの場合、家庭内暴力が始まることもある。子供は自分のストレスを老いた親にぶつけたりする。

近年、こうした子供を親が殺害したり、逆に子供によって親が殺害されたりする事件が頻発している。そこまでいかなくとも、家の中は真っ暗だ。ベルエポック世代が心に描いた優雅な老後は、自分の子供たちによって潰されてゆく。

そうなったら困るというので、「子孫のために美田を残さず」と言って、子供を突き放してしまう親も多いだろう。いつまでもすねをかじらせるのは自立の妨げになるとして援助を拒否するのだ。成人したらもう関知しないというスタンスである。しかしこの場合、子供を犯罪に誘うリスクがある。子供が生きていけなくなって犯罪に手を染めたら、親の人生もお仕舞いであることを肝に銘じたほうがよい。

これに加え、先にパラサイト・シングルの項目で記したように、現在35〜44歳のパラサイト・シングルがかなりいる。繰り返しとなるが、この人たちの現状も深刻である。ベルエポック世代より上の老人たちは、このパラサイト・シングルの生活を支えるためにまもなく預金を使い果たしてしまうだろう。かつての日本は、潤沢な貯蓄があるので国債の赤字も大丈夫とされてきたが、今後10年の間に、日本人の貯蓄は急速に消えてゆくと予想される。そうなれば、パラサイト・シングルも独身貴族ではなくなる。親に金がなくなれば、遊んで暮らすことはできないからだ。しかし、今さら仕事を探しても、どこにも働く場所はない。

最近気になるのは、このパラサイト・シングルによる親の虐待のニュースが新聞紙上を賑わしていることだ。パラサイト・シングルの親が介護を必要とするようになってこうした事件が頻発しているのだ。多くは親の財産を早く手にしたいという子供の身勝手が原因となっているが、「自分が駄目なのは親の教育が悪かったからだ」といって虐待にはしるケースもある。それにしても、こんな情けない話があるだろうか。

ここで**若者の犯罪**について少し見てみるが、そもそも犯罪の統計というのは、被害届が受理されたものしか現われてこないため、その正確な数は知り得ないものである。加えて犯罪の内容も多種多様なので、一体何の統計かわからなくなるのが現状だ。

はっきりとしているのは検挙数だが、これも犯罪の実態を表わす数字ではない。検挙されるか、されないかは、時の運という側面もあるからだ。したがって、検挙数を年度別に並べて若者の犯罪が増加しているなどと軽々しく言うことはできない。が、とりあえず、２００９年の犯罪の年齢比較をした資料を見つけた。

それによると世代別の検挙者数は10代（14歳以上）が９万人強と最も多く、次が20代の６万人強となっている。同じく凶悪犯は20代が１４８１人、10代は９８６人となっている。

これは、「うつせみ日記」というブログに載っていた。ブログの開設者がグラフの作成にあたって使用したデータは警察庁が発表したものだ。

ブログ開設者のコメントによると、10代の検挙者数９万人のうち５万５千が窃盗犯である。また凶悪犯というのは、強盗、放火、強姦などをさしている。凶悪犯の検挙者数で一番多かったのは20代だが、１００万人あたりで換算すると10代の割合が一番多くなる。続いて賭博やわいせつなどの風俗犯については、30代が一番多くなる。

この結果を見ると、やはり**若者の犯罪数及び犯罪率は、高齢者に比べて高い**と見なさねばならない。自分の子供、もしくは孫が、この統計の中に入らぬようにするためには、やはり子供の援助を断ち切ることはできないのではなかろうか。突き放せば本当に路頭に迷ってしまう可能性があるからだ。彼ら自身が、生きるために、やむにやまれず犯罪にはしるケースも多々ある。結局、これこそ小泉首相が述べた「人生いろいろ」の結末といえよう。

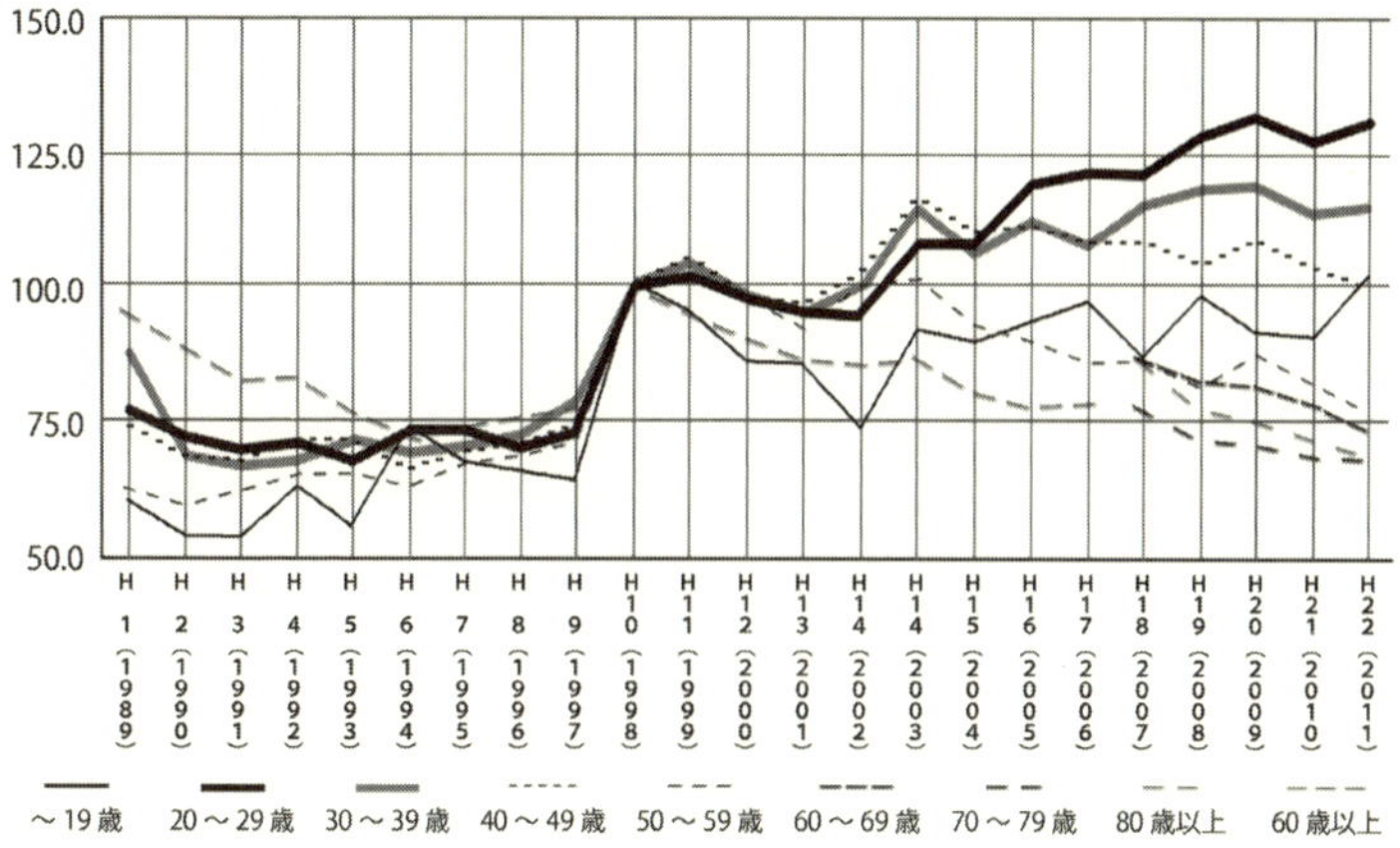

警察庁「自殺統計」より

加えて、**若者の自殺**が、近年深刻な問題としてクローズアップされてきている。上のグラフ（警察庁発表・自殺統計）を見ると、近年ベルエポック世代の子供や孫である**20代、30代の自殺が激増**していることがわかる。

なおこれに基づき、2012年の6月、「自殺対策白書」が発表されたが、この時当時の藤村官房長官が、「若者の自殺が深刻化するという事態に至っており、対策を強化すべき」と関係閣僚に指示を出した。はたしてどのような対策が打ち出されたのか定かではないが、白書によれば、2011年においては、**男性では15歳～39歳の死因のトップが自殺**となっており、**女性では15歳～34歳の死因のトップが自殺**となっていた。そしてこれは、先進国7カ国の中で日本だけの現象であるようだ。実は2013年の6月18日に、平成25年版「自殺対策白書」が出されたが、2012年においても、若者の死因のトップは自殺となっている。

たしかに平成24年の全国の自殺者数は前年比2793人減の2万7858人となり、平成9年以来、15年ぶりに3万人を下回った。これについて内閣府自殺対策推進室は「国や自治体などで進められてきたうつ病患者や多重債務者らへの自殺予防策が一定の成果をあげた」と分析しているが、20歳代の自殺死亡率（10万人あたり）は相変わらず高まる傾向にあり、その動機を測ると、「就職失敗」や「進路に関する悩み」として処理されるケースが多いようだ。

事実、最近盛んに新聞報道されているのが、就活に疲れてうつになり、やがて自殺に至るというケースである。就活についていえば、ここ10年ぐらい日本で起こっていることは異常といえる。大学に在籍しながら100社近い会社を受け、面接で堪え難いハラスメントを受け、精神がおかしくなる若者が激増していると報道されている。

なお安倍晋三首相が2013年4月19日に経団連など経済3団体に要請したことで、大学生の就職活動の解禁時期が現行の「3年生の12月」から「4年生の3月」へと3カ月繰り下げられることになった。2016年卒の学生から適用されるらしいが、これは単なる紳士協定で、守られるという保障はない。

考えてみると、子供の犯罪も怖いが、子供に死なれる親が一番辛いことは間違いない。自殺が道徳的に責められる最大の理由は、生んだ親を悲しませるためである。つまりは、ベルエポック世代の人々は、人生の終着点において、突然子供に自死されるという不幸に遭遇する可能性を秘めているのだ。人生これ以上の悲しみはないだろう。

しかし、死を選ぶ若者のほうも、決して親に反抗しようと思って死ぬのではない。心から絶望して死を選択しているのである。これが豊かな国日本の現状なのだ。

以上、いろいろ述べてきたが、いかに日本の若者に希望がないかを示す事例ばかりが目に飛び込んでくる。

振り返ってみると、この不幸は「失われた十年」に端を発する長い日本の不況によってもたらされたと考えることができよう。これについて、高橋洋児さんの『過剰論　経済学批判』（言視舎）によれば、この不況の原因は資本主義が抱える構造的な生産過剰システムに求められるようだ。これにメガ・コンペティションの突入や円高が加わり、デフレの陥穽に日本経済がはまってしまったのである。そしてそれを解決すると銘打って登場したのが小泉首相であり、そこでさまざまな改革が断行されたのだった。

小泉首相は、派手なパフォーマンスによって旧来型野合政治を破壊し、規制緩和を推し進めて絶大な支持を得たが、その時小泉首相を熱烈に支持したのは、ベルエポック世代ではなく、むしろ若者たちだった。テレビや雑誌が彼を盛んに祭り上げたからだ。

実は小泉内閣が選挙で圧勝する前に、私はある新聞で読者インタビューを受けたことがあったが、その時私は、小泉劇場は一種のポピュリズムで、ナチスの政治手法にも似て、ある種の危うさを感ずると答えたことがあった。

小泉首相の発想の原点は、結局企業を生かして国を救うことにあったように思うが、たしかにあの時株価は持ち直して一時的に企業が息を吹き返したものの、経済の根本的な問題は解決しないまま終わってしまった感がある。

しかもあれだけの大ナタを振るっても、国の借金は減るどころか、増大していったのだ。自衛隊の海外派遣などに莫大な金を使ったからである。そのうえ製造業の派遣が認められ、それによって若年労働者が塗炭の苦しみをなめる事態に陥ったとすれば、小泉改革というものは一時的なカンフル剤にすぎなかったのではなかろうか。

加えて、原発を推進して反原発市民運動を笑った彼が、今や原発ゼロを唱えているのだ。これではちょっと虫がよすぎると言えるだろう。

第2章

ベルエポック世代を苦しめる老人問題

老老介護の始まり

現在、平均寿命が伸びて高齢化社会が到来したことは繰り返すまでもない。最新の統計である2013年9月の総務省統計局が出している人口推計によると、70歳以上が約2317万人近くいる。そして統計局の労働力調査によれば、2013年の時点では、65歳以上の就業者は595万人で、これは全就業者の約9・5％だった。

そうなると、正確な数は言えないが、70歳以上で働いていない人の数は約2000万強ということになるだろう。果たして彼らはどのように暮らしているのだろうか。

（ちなみに2012年の厚生労働者の国民生活調査では、65歳以上の就業者のうち、非正規労働者の割合は、男性が約2割、女性が約6割となっている）。

考えてみると、1950年には、**日本の平均寿命**は男が58歳で、女は61歳だった。それが2013年には、厚生省の発表によると男が80歳で、女が87歳に伸びている（小数点切り上げ）。つまり60年間で男が22歳、女が26歳も平均寿命が伸びたのだ。この平均寿命が延びた理由は、栄養の充足と医療技術の進歩によることは疑うべくもないが、これを手放しに喜んではかりはいられない。

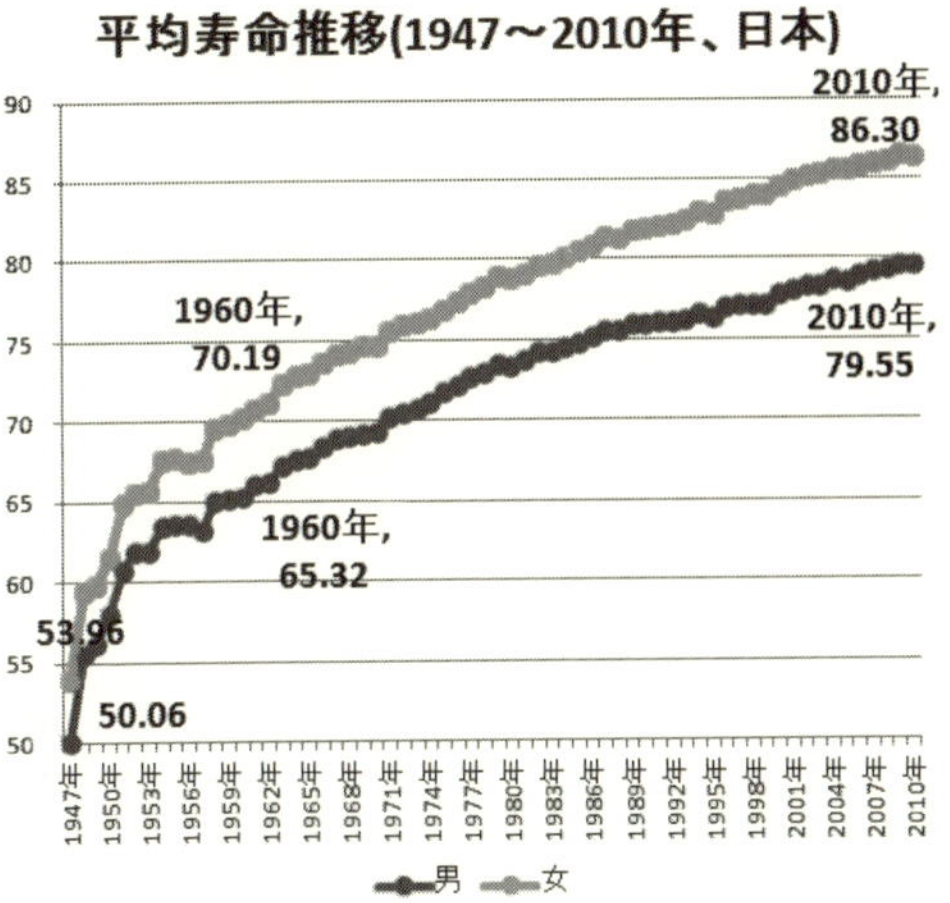

厚生労働省「平均寿命の年次推移位」

ベルエポック世代が生まれた頃には、親は子が定年退職を迎える前に死んでいたが、今は、定年**退職を迎えてから親の介護が始まる**のだ。つまり、**ベルエポック世代は、これから老老介護に取り組まねばならない**のである。

　問題は、この長生きした年寄りを誰が世話するかということだが、これも2013年の就業構造基本調査によれば、2012年に介護に打ち込んでいる人が557万人おり、そのうち5割が60歳以上であった。

　なお厚生労働省の「国民生活基本調査」によれば、2012年において、65歳以上で構成される世帯（親子同居を除く）は1024万世帯で、これは全世帯数の21・3パーセントと過去最高となっている。その内訳は、夫婦だけが502万世帯、女性の一人暮らしが350万世帯、男性の一人暮らしが137万世帯となっている。なお、それ以外は18歳未満の未婚者との同居のケースだが、これは結局就業能力のない孫と暮らしているという意味だろう。約25万世帯が、親の代わりに老人が孫を育てているのだ。そしてその多くは年金や生活保護を受給されながら暮らしていると思われる。かならずしも、すべてが経済的に困っているというわけではない。しかし彼らは、本来であれば子に扶養される立場の年齢なのだ。しかし現実はそうなっていないから問題なのである。

憲法では親の扶養を子の義務として規定していないが、**民法877条によれば、すべての子が親を扶養する義務があると**規定されている。しかしこれには罰則があるわけではなく、ある意味で努力目標に過ぎない。

以前問題となったお笑いタレントによる親の生活保護受給問題は、法律上は何の問題もない。また親に対する援助額についても、最低限度の経済生活を営める程度の援助でよいことになっており、自分が生活していけない場合は援助しなくてよいことになっている。

結論から言うと、**現在の日本においては、子が親を扶養しなくとも刑事罰に問われることはない。**実際ほとんどの後期高齢者は、子の世話にならず暮らしているのだ。

特にベルエポック世代の場合、自分は東京にいて、親が田舎で暮らしているというケースが多い。田舎は過疎化が進行し、車がなければ買い物難民となって、生活不能状態に陥るケースも少なくない。また雪国であれば、雪下ろしができないために家が潰れるといったことも起こる。しかし、だからといって子供が親のもとに駆けつけるかといえばそうではない。とりあえず、役場の職員やボランティア、近所の人によって生かされているからだ。しかしこれが都会に出たベルエポック世代の心痛の種となっていることは間違いない。

その苦しみを和らげるために都会に呼ぼうとするが、話は単純ではない。配偶者が納得しないだけでなく、親も故郷を離れようとはしないからだ。その結果、最後は仕方なく離れた田舎の介護施設に預けざるをえなくなる。しかしこの場合、ちゃんとした施設であれば問題はないが、山奥に建てられた問題施設に親を預けてそのまま放置というケースがあちこちで見受けられる。こうなると、江戸時代の姥捨てと同じことになる。

たしかに世界中どこにでも姥捨ての伝説があり、日本においても深沢七郎が『**楢山節考**』という小説でその世界を描いているが、問題施設に親を置いてくると、ベルエポック世代はさらに自責の念に駆られることになる。『楢山節考』の場合、捨てられた年寄りは数日で死ぬが、問題施設の中では孤独で悲しい日々が続くからだ。

介護保険制度が施行される前は、老人は原則として子と暮らし、病気になって動けなくなると病院に預けられ、そこで死ぬまで過ごすという図式が成り立っていた。そして医療費は保険で支払われていた。

ところが今はそうはいかない。子と暮らす老人は減り、健康保険の赤字のために病院からは出され、その結果、夫婦同居以外はおおかた介護制度の世話になっている。これも厚生労働省の統計によるが、介護制度サービス受給者は、２０００年に１４９万人だったのが、２００９年には４０７万人に増え、今も右肩上がりに増加し、単年度の統計を示しても何の意味もない状態となっている。

なるほど介護の必要な老人を医療機関に預けるのではなく、施設に預けるというのは理にかなった話であろう。しかしここで考えなければならないのは、以前は病院に預ける前に家族が介護していたのに、今はたいして介護が必要でもないのに多くの老人が介護施設の世話になる現実があることだ。場合によっては家の中で生活が営めるのに介護施設に入れられてしまうケースもある。

その**介護施設**だが、最近は設置主体もさまざまである。ほとんどの施設は立派に営業しているが、中には営利にはしっているケースも見受けられる。そんな施設では、資格を持たない職員も多く、資格を持っていても多くが非正規職員として働いている。そうでないと利益が出ないからだ。そうした非正規職員の多くは低賃金、二交代制など厳しい労働環境に置かれているため、中には老人虐待の事例も報告されている。

そうは思いつつも、現実には施設の世話にならなければならない場合が多い。ところがいざ預けようとすると、今度はその費用の高さに悲鳴を上げることになる。

一般に介護施設にかかる費用で、保険で保障されるのは半額と考えてよいようだが、医療施設と違って、介護施設にはレベルの高低があり、金があまりかからない特養はなかなか入れてもらえない。一方高い施設だと相当高額になる。

これについて「日経トレンディ」の降旗淳平さんによれば、**介護付き有料老人ホームに入居する場合、一時金だけで数百万円かかる**そうだ。夫婦の両親は4人いるので、単純に加算するとその4倍かかることになる。本人に貯金があればよいが、今は貯金も枯渇してしまっている老人が多い。そうなれば、ベルエポック世代がそのお金を負担しなければならなくなる。また一時金以外にも、継続してお金は払わなければならない。要介護度4に認定された親を、2013年4月に新設された「複合型サービス」で在宅介護した場合、月2万5千円の医療費などを含め、3年間で約192万円にかかるという試算がなされている。

これに追い打ちをかけるように、今、**介護保険制度の見直しが進行している**。

厚生労働省は2013年の9月、社会保障審議会の介護保険部会を開き、一律1割となっている自己負担額を一定の収入がある場合は2割に引き上げることを決めた。65歳以上の5人に1人、540万人から590万人がそれに該当するようだ（実際に利用しているのはその1割）。また**特養に入所する低所得者の食費や居住費の補助も減額**することが決まった。

こうなると、介護施設を選ぶことはますます難しくなり、お金も身よりもない老人は、問題施設の大部屋に預けられ、そこでショックを受けることになる。

実際2013年の6月には、入浴を拒否する特養施設の老人のことが新聞で報道されていたが、施設ではこうしたトラブルが頻発している。

一方金があればそれで解決かというとそうではない。いろいろ話を伺うと、見た目はゴージャスなホテルのようだが、何をするにも金、金、金の施設が結構あり、持っていたお金がたちまちなくなってしまうという話も伝わってくる。金がなくなると、施設の職員の態度が豹変するというから恐ろしい。

ベルエポック世代は、自分の親をそうした施設に預ける可能性があり、やがては自分も同じ運命を辿ることになりかねないのである。

これが長寿大国日本の現状だ。こうした現状を知っているがゆえに、延命治療を拒否する人も激増しているのだ。

認知症とのたたかい

いま述べたのは介護施設の世話になったり入所したりするケースだが、これが同居であっても苦しみは続く。なぜなら現在、**認知症が増加**しているからだ。

2013年6月発表の厚生省の調査によると、2012年の日本における65歳以上の認知症患者は460万人を超え、さらに400万人の人が認知症予備軍であると発表されている。これは**65歳以上の4人に1人**の割合である。なんとも膨大な数だ。

専門家によれば、認知症は、加齢による脳の機能障害によって生ずる病気の総称で、年を取ることで誰でも発症する可能性がある病気だ。

日本認知症学会の専門医である髙野喜久雄さんの『認知症　正しい知識と最新治療・効果的なケア』（言視舎）によれば、それは大きく分けて四つの病気に分類できるようだ。アルツハイマー病、血管性認知症、レビー小体型認知症、前頭側頭型認知症（ピック病）の四つである。他にヤコブ病やアルコール障害などいろいろな病気によっても認知症が発生するが、発症の原因はさまざまでも、共通するのは記憶力が著しく減退してゆく点である。

さっき会った人の名前が出てこないのはただの老化だが、認知症になると、会った事実そのものが消えてゆく。古いことは覚えているが、さっきのできごとが思い出せなくなる。それだけなら別に困らないが、「私はだれ、ここはどこ」といった見当識障害が起こってくる。やがて失語症に陥り、コミュニケーションがとれなくなり、続いて失行症に至る。そして徘徊、暴言、不眠、幻覚といった行動障害や精神障害が起こってくる。

気がつくと箸が使えなくなり、火が点けられなくなる。そのため、ガスを出しっ放しにしたり、風呂の空焚きをしたりするようなことが起こる。

こうなると、その老人の介護をする家族は仕事どころの話ではなくなる。家族は寝ても覚めても認知症に付き合わなければならないことになり、その対応に疲れ果てて、中には親の虐待にはしる子供も現われる。これについては悲しい記事を発見した。「朝日新聞ＤＩＧＴＡＬ」の２０１２年12月22日（土）の長富由希子記者による配信記事だ。

それによると、**家族や介護施設の職員らによる高齢者への虐待が２０１１年度は１万６７５０件**あったそうだ（厚生労働省のまとめ）。被害者の約半数が認知症、加害者の６割は息子か夫だった。高齢者虐待防止法（06年施行）は、重大な虐待に気づいた人に自治体への通報を義務づけているが、自治体が通報を受けて虐待と判断した件数は、前年度（１万６７６４件）とほぼ同じ件数だった。虐待がもっとも多かったのは家庭内で１万６５９９件。未婚の子どもと一緒に暮らしている高齢者が被害にあう事例が38％ともっとも多く、既婚の子と同世帯（24％）、夫婦２人暮らし（19％）がこれに続いている。

この記事で注目に値するのは、老人虐待はやはり家庭内が多く、しかも未婚の子供と一緒に暮らしている認知症の患者が多く虐待を受けているという事実である。

すでに述べたように、パラサイト・シングルの親がいよいよ認知症にかかりはじめているのだ。パラサイト・シングルの場合、親の年金を当てにして暮らしているため、親には生きていてもらいたい。しかし親を介護する金はないため、親が認知症にかかると放置状態となる。そのため何カ月も風呂に入れないなどということが起こる。こうなると、他人が手を出せないだけ、一人暮らしより問題が深刻化する。

ここで誤解のないように断っておくが、いわゆる親と同居するシングルが、親の介護をしているケースは実に多い。私は、働きながら親の介護をしている親孝行なシングルをたくさん知っている。ただ中には不幸なケースがあると指摘しているだけなのであしからず。

またこの件と関連して問題なのは、**介護離職**の問題である。

公益財団法人である「家計経済研究所」の調査（2011年9月～11月）によれば、介護が必要な親と暮らす中高年のうち、男性13・4パーセント、女性の27・6パーセントが介護を理由に仕事を辞めたことがわかった（全国各地の40～64歳の470人、平均年齢52・6歳が調査対象）同研究所長の田中慶子研究員は、この件に関して「男性の介護離職は以前に比べ増えているのではないか」と言っている。

また総務省の2013年発表の「就業構造基本調査」によれば、2008年10月～2012年9月の5年間に介護を理由に失職した人は48万人おり、これは前回調査（2008年発表）よりは減少したが、逆に60歳以上では増加していることが判明した。そうなると、今度は**多くの中高年が離職によって収入を失うことで、老老介護そのものができなくなる**という事態に直面することになる。

さらにここで指摘したいことがある。まだ子供と同居していない認知症に至る一歩手前の老人を、ベルエポック世代の子供たちが餌食にしていることだ。これではまるで弱った生き物を狙うハイエナのようなものだ。そうした事例の顕著なものが、「オレオレ詐欺」であろう。

当初これは、詐欺をおこなう犯人が一人で子や孫を演じていたが、「債務者」役に加えて「債権者」役の人も電話口に出て脅迫する手口が現われ、やがては警官、弁護士などが登場する劇団型犯罪に移行していった。なお2013年11月の産経新聞によれば、「振り込め」などの特殊詐欺の被害が過去最悪を記録した2012年の約364億円を上回り、400億円を超える可能性が出てきたと発表された。

最近は詐欺の手口も高度化し、訪問販売や投資話など多様化しているようだ。突然やってきて何の効き目もない高額の薬を置いていかれたり、存在しない土地に投資させられたりする話が転がっている。だいたいにおいて、こうした詐欺にひっかかっているのはベルエポック世代の親で、我慢して一人で暮らしている老人である。そうした老人を狙って詐欺を働くなどというのは、昔はヤクザの世界でも御法度の行為だった。それが今や、若者愚連隊のような集団の生業と化してしまっているのだ。

なんともやりきれない世の中だが、ベルエポック世代は、ある日、当てにしていた親の資産さえも、こうした詐欺によって失われ、仰天することになりかねないのだ。

そうでなくとも**高齢者の貧窮化**はものすごい勢いで進行している。

2012年には、東京都区内での65歳以上の万引きが19歳以下の少年を上回ったが、これは史上初のことであるらしい。しかもその動機が、いわゆるストレス解消というよりも、生活困窮によるものが増えているようだ。摘発された万引き犯の72パーセントが無職で、生活保護受給者が11パーセントあった。盗んだ物の約7割が食料品ということだ。また、2013年11月に法務省が公表した犯罪白書によれば、2012年に検挙された65歳以上の高齢女性は全年齢層の27%を占め、1993年の6%から大幅に増えたそうだ。そしてそのほとんどが万引き犯だったようである。

これではあまりに情けない話だ。後述するが、今後年金が減らされてゆけば、こうした年寄りがさらに増えてゆくことは間違いない。こうした老人は再犯を繰り返す傾向が強いようなので、最後は刑務所で面倒をみなければならなくなるかもしれない。そうなれば、刑務所が施設代わりに使われることになるだろう。また全国で生活保護を受けている世帯は2013年6月時点で158万3308世帯となり、前月と比べて1242世帯増えて過去最多を更新したと発表されたが、これは20年前の約3倍の数である。世帯別では、高齢者世帯が71万2198世帯と最も多かった。

それにしても、年金を減らすことで、それ以上に経費がかかるとしたら、これは逆効果だ。そんな心配もしなければならない世の中がやってきた。

故郷が消えてゆく

今、老老介護、認知症とのたたかいという話をしたが、これに関連して、ベルエポック世代はもう一つの危機に直面している。それは何かと言えば、**自分たちの故郷が消滅しようとしている**ことだ。

今さら繰り返すまでもないが、ベルエポック世代というのは、かなりの者が故郷を捨てた者であった。生まれ故郷を去って、都会に生活の活路を見出した者なのである。

故郷を捨てるといえば、私などは中学生を中心とした昔の集団就職列車を思い出す。

集団就職列車は１９５４年の青森発上野行き臨時夜行列車から運行が開始され、１９７５年の運行終了まで続いた。就職先は東京が最も多く、中でも上野駅のホームに降りる場合が多かったため、上野は井沢八郎の名曲のとおり、集団就職者の「心の駅」となった。また、離島からもフェリーが運航され、田舎の若者が大挙都会へ出て行った。

こういった若年労働者は、安い給料で雇えるので金の卵と持て囃された。職種としては単純労働が主体であり、ほとんどが労働組合のない京浜工業地帯等の中小零細企業に就職した。そのため雇用条件や作業環境も厳しく、離職者も多かった。

ベルエポック世代で中卒による集団就職を経験した数は多くないが、実はベルエポック世代の

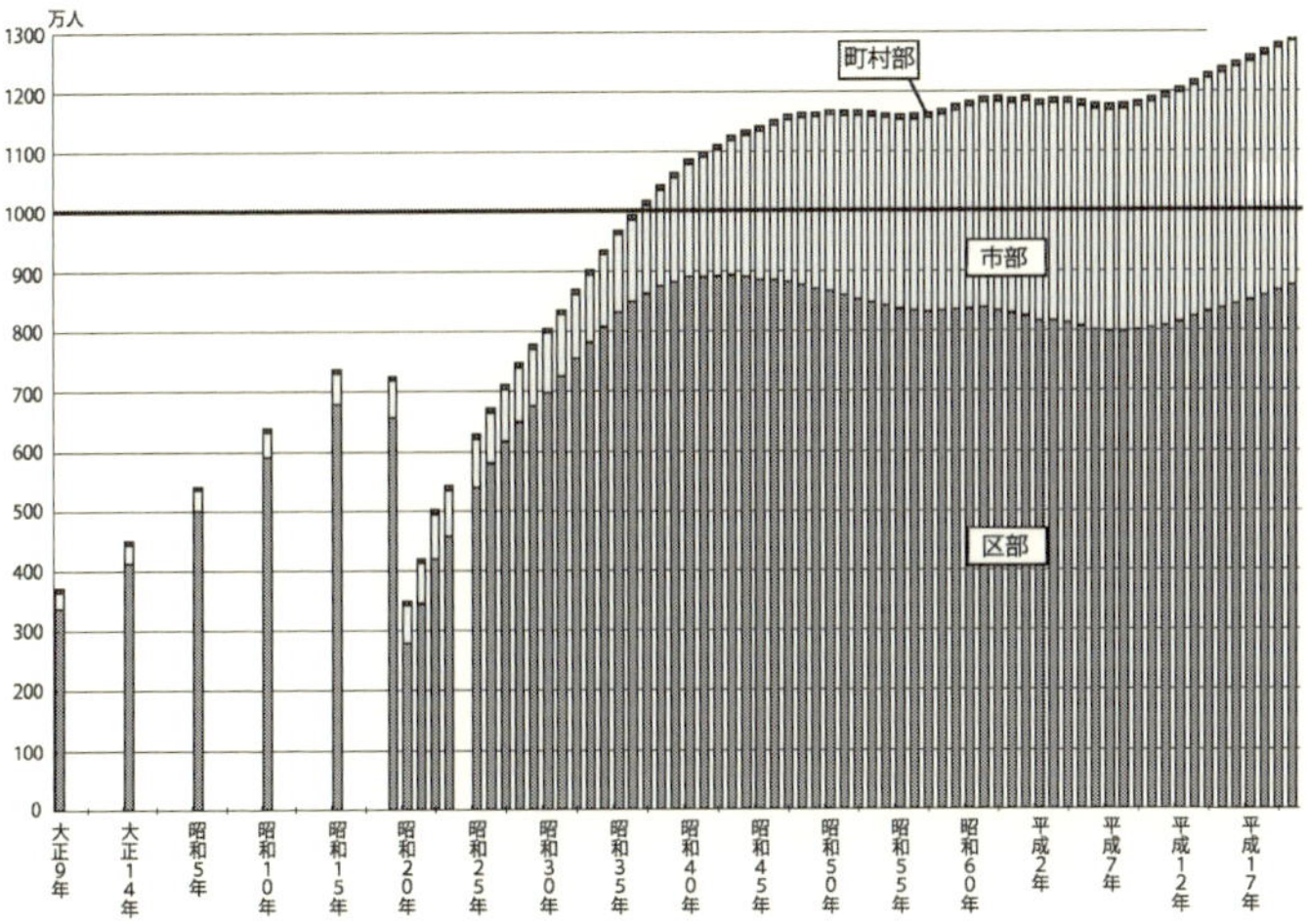

総務省統計局「東京都の人口推移」

多くは、高卒、大卒という形で都会に集団就職したのである。特に高学歴の場合、ほとんど田舎に帰ることがなかったために、東京に定着する率は中卒より高かったと思われる。中卒者は帰農という形で田舎に帰ることができたが、高学歴者には、田舎に自分が就職できる場所がなかったからである。

　上に掲載したのは東京都の人口増を示したグラフである。これを見ると、東京の人口は、高度成長が始まる頃に約８００万人であったが、高度成長が終焉する20年後に約１２００万人に増加している。この増加は、自然増ではなく社会増と見なされる。いかに田舎から東京に人口が集中したかわかるグラフだ。

　ところで、東京に出たのは次男坊、三男坊だけではなかった。長男も東京へ出て行った。実は田舎で公務員や銀行員になれなかった若者の多くが東京に出向き、田舎には帰ってこなかった。

ここで自分の話をして気が引けるが、私の生まれた町は、青森県の山間の温泉町である。現在も私はこの町に住んでいるが、終戦直後に人口が2万人を超えていたのに、今は1万を割ろうとしている。小さい町だが、それでも年に2～3人、東京の有名大学に合格する子供を出す町だった。そうした子供で町へ戻ってきた者はほとんどいない。

私の住む町に限らず、田舎では、子供が都会の一流企業に就職したのに、その親が首吊り自殺したり、死んでから3日経って発見されたりといった出来事が起こっている。親がそうした死に方をすると、せっかく出世した子供も哀しい気持ちで老後を過ごさなければならなくなる。近年は田舎でも孤独死が激増し、遺品整理業者が大忙しだと新聞で報道されていた。

これと関連するが、近年「**限界集落**」という言葉が人口に膾炙するようになった。これは、社会学者の大野晃さんが高知大学人文学部教授時代に提唱した概念である。

もともと、林業の衰退と再建をテーマにした論文の副産物として生まれた用語だった。輸入木材によって国内の林業が衰退し、山村の人口減と高齢化で山村の維持が困難となった状況を示した言葉だ。過疎より深刻な実態を表わす言葉として「限界集落」という言葉を使用したのである。その定義によれば、65歳以上を超える住民が半数に達する集落を指している。その後国土交通省の集落状況調査（2006年、過疎地域を抱える全国775市町村に対して、そこに所属する

6万2273集落の状況を尋ねたもの）により、**約1万以上の集落が10年以内に消滅する可能性がある**とされた。これらの集落は、何百年もかけて日本人が開拓し、作ってきた集落である。それがほんの数十年で消滅してしまうというわけだ。これについては国会で議論されたかどうかわからないが、これも国家の大問題であろう。

「限界集落」のような極端な事例を出すまでもなく、いわゆる大規模店舗の進出に伴う**中心街のシャッター通り化**で、日本中の至るところで商店街はほぼ壊滅状態である。従って、「限界集落」でなくとも老人が生活不能な町はあちこちにある。車がなければ物を調達できないのに、年を取ると車が運転できなくなるからだ。これに雪害、台風などの自然災害が追い打ちをかける。そうなるとなす術がない。こうして故郷から、次々と人が消えてゆく。

年を取れば取るほど故郷が恋しくなるものだが、『思い出のグリーングラス』はもう故郷には存在しない。ベルエポック世代はある日故郷に帰って愕然とするだろう。そこには自分の生まれた家も、親も、友達も、そしてよく見知った風景もなくなっているからだ。

第3章

ベルエポック世代が悩む自身の問題

エンドレスのリストラ旋風と過重労働

ベルエポック世代を苦しめるのは彼らの子供と親だけでない。実は**彼ら自身が、幾多の荒波を潜り抜けながら、いままた大波に直面している。**

そもそもベルエポック世代が社会に出る前は高度成長期だった。彼らの上の世代は、仕事なんていくらでもあるという安心感の上に学生運動に身を投じ、ヒッピーを演じていた。そして社会に出てからは毎年春闘によって賃上げを享受することができた。たとえカラオケで『スーダラ節』を唄って無責任社員を決め込んでも、仕事を失うことはなかった。終身雇用は確保され、年功序列制度の下で給料は上がっていったからだ。多くの企業は家族的経営を維持し、滅多に社員を辞めさせることはなかった。今となっては、植木等が演じた「無責任シリーズ」が懐かしい。

このシステムの下では、大事なのは上下関係と組織への忠誠心ということになる。忠誠心がないように振る舞いながら、実はほとんどの者が自分の所属する組織を愛していた。当然そこでは技術が継承され、離職率も低かった。日本のあちこちに企業城下町が作られ、トヨタや日立ではないが、家の延長のような企業が至るところに存在し、そこで社長は主君として振る舞った。社員は主君から俸禄をもらう武士のような存在で、住む家から結婚相手まで、企業が世話をしてくれた。その上、金まで貸すのが日本の企業だった。そんな状態だから、社員の企業に対する忠誠心が強くなるのも無理はなかった。

そもそも武士は主君のために死なねばならない。ここに武士道が甦る。武士である企業戦士は、命をかけて企業に身を捧げ、世界の果てまで出向いた。そして企業のほうも、十分な退職金と企業年金を出すことで戦士に報いたのである。こうして中根千枝が提唱した「タテ社会」は、70年代まではちゃんと日本の企業に息づいていた。

また高度成長期はインフレの時代であり、給料は物価にスライドして上がっていった。第二次石油危機で低成長時代に突入した時も、不景気下のインフレであるスタグフレーションが続いた。バブルの時代は資産インフレの時代となり、借金で家を建てた上の世代は、インフレによる借金の目減りと、資産インフレによる資産の増加という二重の恩恵を被った。

しかしベルエポック世代はそうはいかなかった。彼らは**第二次石油危機**直後に職場に入り、その後給料は上がらず、逆にインフレによる給料の目減りに苦しめられるようになる。その後土地の値段の高騰により家を持つことを断念したこの世代は、車や旅行に金をかけるライフスタイルを確立し、余剰資金を株式投資に向けるようになった。ところが**バブルは崩壊**して株価が暴落、一瞬にして貯蓄を失ってしまう。

しかも産業界はその後**グローバリズム競争**に突入、やがては**メガ・コンペティション**時代が到来し、結果、賃金高騰を避けるため、企業の海外進出が加速化、それに伴って日本伝統の**年功序列、終身雇用制度が崩壊**していった。

その後、いわゆる「**失われた十年**」がやってくるが、この時代には給料が上がるどころか下がり続け、資産は減少し、借金も減らず、その上**リストラ**という憂き目に遭うようになっていく。リストラという言葉は、そもそも事業の再構築を示す言葉であったが、**今は解雇と同義語**で使用される。考えてみると、ベルエポック世代の人生はリストラとともに歩んできたとも言えるのだ。

そこでまずは次ページのグラフを見ていただきたい。

これは厚生労働省の「完全失業者率の推移」を示したグラフである。このグラフについての細かな解析は控えるが、まずわかることは、完全失業者はやはり第二次石油危機後に漸増を始めているということである。これはスタグフレーションと円高の下で、日本の企業が事業再構築に取り組んだことを示している。

その後バブルの最盛期に失業者は減少してゆくが、バブル崩壊数年後から再び失業者は増え出し、94年から急増、結局2002年にピークをつけている。この間日本の企業では、円高と国際競争の嵐の中で、リストラの嵐が吹き荒れた。

グラフを見ると、失業率は21世紀に入ってからいったん持ち直すが、2008年のリーマンショック以後また増えているのがわかる。実数で言うと、2011年は136万人で2002年より完全失業者数は少なかったが、実はこの9年間に生産年齢人口も500万人ほど減少してい

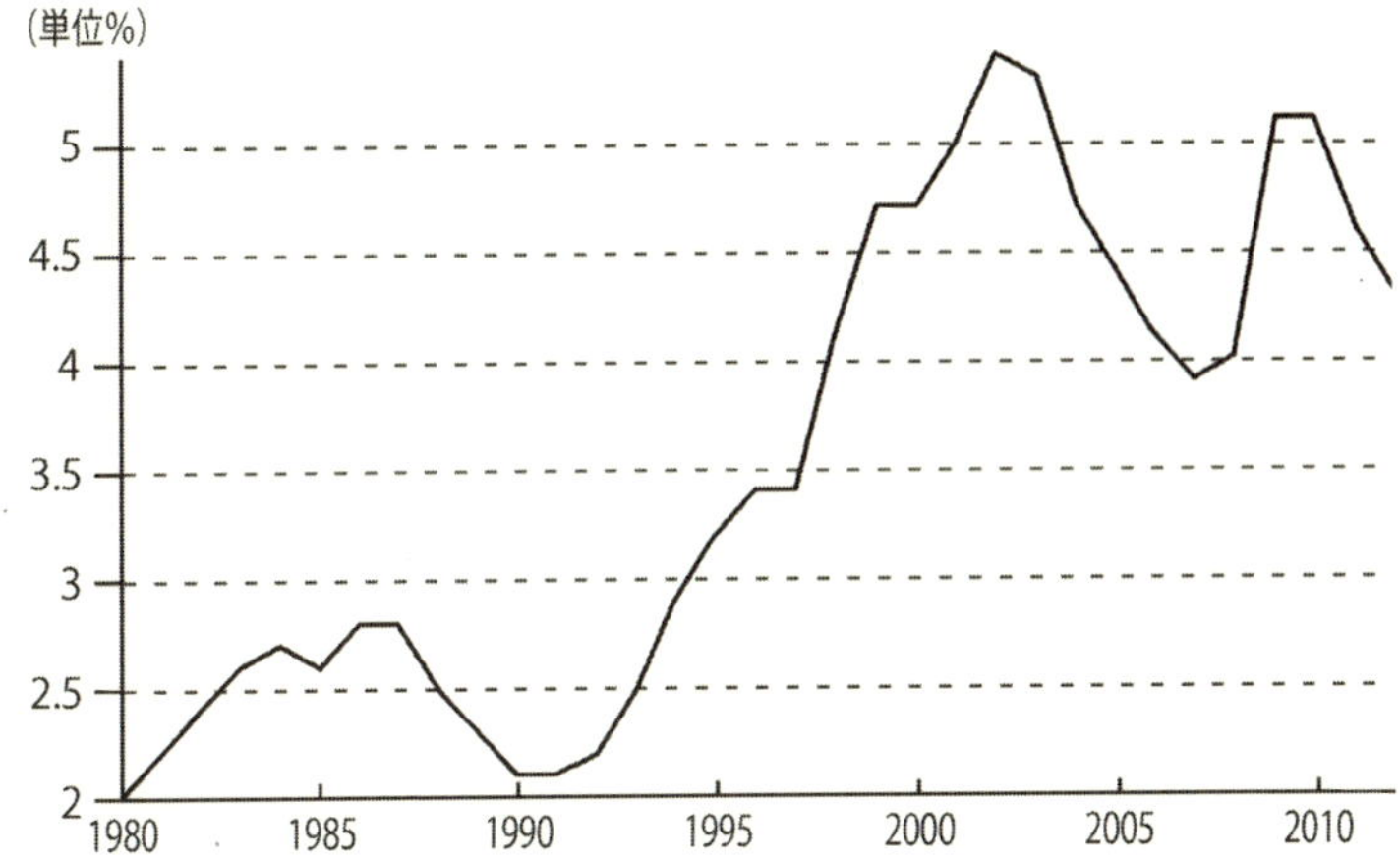

厚生労働省「完全失業率の推移グラフ」

る。要するに21世紀に入ってからは、新たな労働人口より、はるかに多くの退職者が出たことを示しているのだ。つまりリストラの嵐は、近年ますます強くなったということである。

2012年は、シャープ、ソニー、パナソニックという日本の超優良企業のリストラが新聞紙面を騒がせた。シャープは2012年の9月、約2千人の希望退職の募集と給与、賞与の削減について、組合側と合意したと発表、さらに海外工場を売却することで、最終的に1万人超のリストラ策の実行をめざすようだ。

一方ソニーは頻繁に**早期退職**募集を実施している。リーマンショック後の2009年には約900人、2010年秋には4000人の社員がリストラされた。

「三万人のための情報誌　選択」のネット配信

記事は、このことについて次のようにコメントしている。

「ここまでの話であれば、さして驚くものではない。しかしソニーでは、世間に知られない形で、いまも日常的にリストラを断行し続けている。早期退職優遇制度を発令した人員削減が表のリストラとするならば、これはいわば裏のリストラだ。

ソニーの人事部のもとには、各部署で不要人材との評価を下された社員のリストが集まってくる。戦力にならないローパフォーマーや精神的・肉体的な問題を抱える社員、つまりは各部署の厄介者扱いの社員たち――こうした人物は、常時数百人規模に達するという。それらの社員が送り込まれるのが人事部直轄の『キャリア開発室』、社内の『リストラ部屋』だ。彼らには、『SK』『HS』『SYK』『SYS』『SYT』『TS』との英字の略語がつけられる。『SK＝再教育候補』『HS＝秘書庶務候補』『SYK＝社内休職』『SYS＝社外出向候補』『SYT＝職種転換候補』『TS＝単純作業』という意味である」

この件と関連するが、2013年の正月早々、「朝日新聞DIGTAL」の内藤尚志記者によって次のような記事がネット配信された。

「『追い出し部屋』実態調査へ　厚労省、退職強要を懸念」

「大手企業で社員から『追い出し部屋』などと呼ばれる部署の設置が相次いでいる問題で、田村憲久・厚生労働相は8日、調査に乗り出す考えを示した。これまで『民間企業の経営には介入できない』と静観してきたが、退職を強要するといった違法行為につながるおそれもあるとして、実態の把握を急ぐことにした。

『追い出し部屋』などと呼ばれる部署には、低迷する事業部にいたり、希望退職への応募を断ったりした社員が配属される例が目立つ。おもな仕事は多忙な他部署への『応援』で、製品の箱詰めや議事録づくりといった『雑用』が多い。自分の転職・出向先さがしを命じられることもある。このため、社員からは『社内失業者を集めて退職に追いこむのが狙いだ』との反発が出ている」

2013年の正月には、製造業ではない大手広告代理店の電通でも、40歳代と50歳代の早期退職優遇制度を実施すると発表されたが、どうやらすべての業種において、リストラの嵐はまだまだ続きそうな気配なのである。

さて、そこまでリストラしなければならないほど企業は暇なのかというとそうではない。以前、外食産業での過労死が問題となったが、**過重労働**はサービス産業だけの問題ではないようだ。実は**就職人気企業225社のうち60・8%にあたる137社が、国の過労死基準を超える時間外労働を命じることができる労使協定を締結**していたことが、労働局に対する文書開示請求で明らかとなったのだ（出典「My News Japan」）。

これによると、1年間で見た場合の時間外労働時間ワースト1は、大手印刷会社（1920時間）、2位が大手ゲームメーカー（1600時間）、3位が大手家電メーカー（1500時間）だった。なお時間外勤務については、企業のみならず、公務員の世界でも常態化しつつある。学校、官公庁、病院において、過重労働によって労働者が心身の変調に追い込まれていることがたびたび新聞報道されている。この中で、学校現場には最初から残業手当というものが存在しない。特に部活に熱心な先生などは、一カ月の無償時間外労働が100時間を超える先生も珍しくない。

一流企業の場合は、時間外労働に対しては残業手当が出るので我慢もできるだろうが、手当も出さずに残業させる企業が現在増えている。これについては、最近**「ブラック企業」**という言葉がごく普通に使われるようになった。違法な労働を当たり前のように強要し、利益を上げる企業だ。

以前であれば、こうした企業はまったく見向きもされなかったが、今は法令遵守のコンプライアンス企業を探すことが難しくなっている。雇われるほうも、「ブラック」承知で就職するケースが増えているからだ。働けるだけマシというわけだ。

2012年居酒屋チェーンの社長が参議院選に立候補し、そこで過労自殺した従業員のことが問題となったが、**今の経営者の頭には労働基準法という法律は存在しない**ようだ。

2013年8月15日の東洋経済オンラインには、「ブラック企業被害者弁護団」代表佐々木亮弁護士のコメントが載っていたが、それによれば、大企業の中にも大量に若者を採用し、長時間低賃金で働かせて、残ったものだけを残すビジネスモデルが増えているそうだ。

その常套手段は残業代を払わないことである。いわゆる「名ばかり店長」「名ばかり管理職」にしてこき使うというパターンだ。正社員は無償の長時間労働を強いられ、それ以外の労働者は派遣というのはどういうことなのか。

それにしても、いつから日本の労働現場はこのようになってしまったのか。振り返ると、そのはしりは中曽根首相による国鉄潰しから始まったような気がする。かつては春闘賃上げによる労働組合の我がままが批判されたが、**今は企業の我がままが批判されなければならない時代**であろう。

こんな労働現場で働かねば生きていけないのが今の現実だが、若ければまだ我慢もできようが、ベルエポック世代には、もはや耐えるだけの体力は残されていないといえる。それでも歯を食いしばって働き続けなければならない。その理由を次に述べたい。

退職金と年金の減額、そして貯蓄の減少

いかにリストラの嵐が吹き荒れようと、以前は退職金と年金はちゃんと出ていた。早期退職の場合は加算される制度も存在し、仕事を失っても当座は食いつなぐことができた。だからベルエポック世代も、先行きについては能天気に構えて生きてきた。ところが気がつけば、その保証もなくなってきた。

次ページのグラフは、厚生労働省の「就労条件総合調査」（以前の名称は「賃金労働時間制度等総合調査」）で、退職制度や退職給付額について5年ごとに調査したグラフである。

２００７年の実績を調査した２００８年調査結果によると、大卒ホワイトカラーの退職給付額は、２０２６万円と10年前の２８６８万円から８００万円ほど減少している。若年勤労者や高卒ブルーカラーなどとの所得格差は縮小しているが、大卒ホワイトカラーの退職金はピーク時から約３割減と大幅な減少となっている。また経団連及び東京経営者協会加盟企業の２０１２年調査では、大学総合職の標準退職金は、２４９１万円となっており、これは20年前（１９９２年）の２６３８万円と比較すると、約１４６万円の減少となっている。

調査対象は異なっていても、ここ数十年の間に、**退職金が一方的に減額**の方向に向かってきているのである。

定年退職金の推移

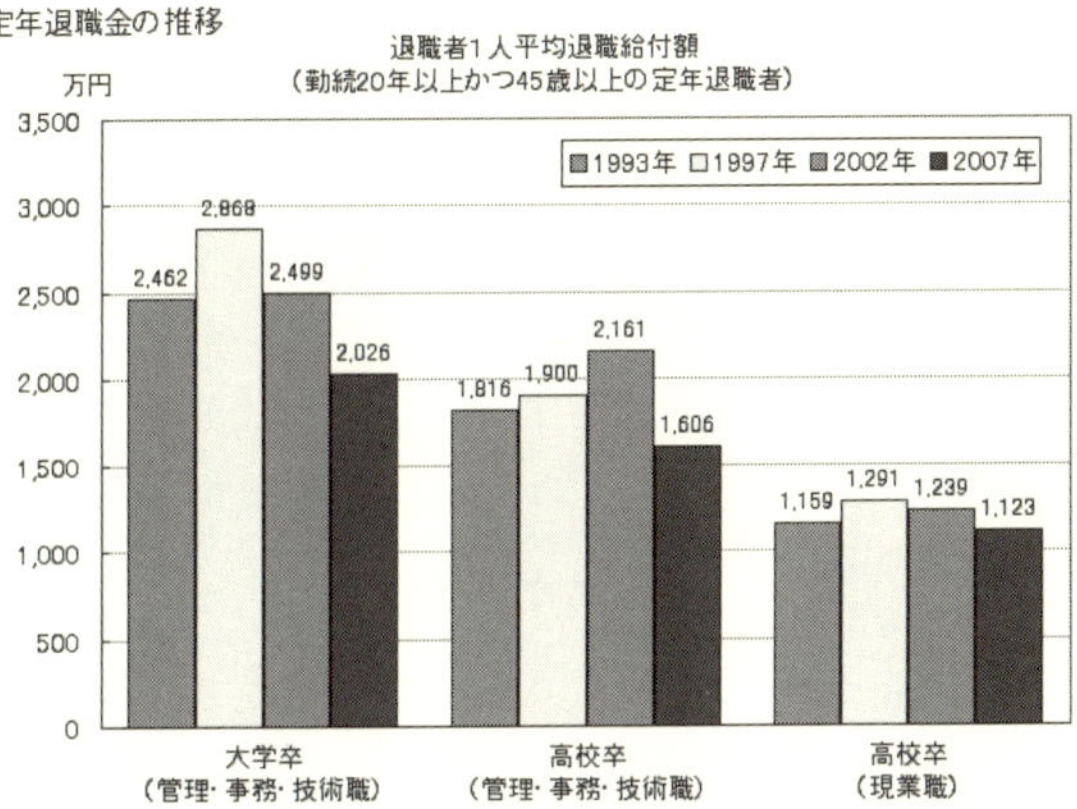

（注）暦年または前会計年度の実績。1993年は男性のみ。対象企業は常用労働者が30人以上の民営企業、2002年以前は本社の常用労働者が30人以上の民営企業。退職給付額は、退職一時金でなく退職年金の場合は年金現価額。あるいはそれを合わせた額。

厚生労働省「就業条件総合調査」本川裕　作成『社会実情データ図録』から転載

つまりリストラの嵐と退職金の減額は同時に実施されてきたのだ。今後も、しばらくはそのトレンドに変化はないだろう。

これに加え、**年金**の支給も、予定通り支給される保証はなくなってきた。現在の制度では、2031年に厚生年金積立金が枯渇することが明らかとなっているため、**給付額の削減と、納付額の引き上げ**が実施されることになった。また支給される年齢も先送りされることが決定されている。支給年齢は、男性が2013年度から3年おきに1歳ずつ引き上げ、2025年度に65歳とする計画となっている。また女性のほうは、2018年度から3年おきに1歳ずつ引き上げ、2030年度に65歳支給が始まる計画となっている。

この結果、平成25年度に60歳を迎える男性は、年金支給開始年齢が61歳からとなり、60歳で定年退職したとすると1年間は無年金生活となる。申請によって厚生年金は60歳から受け取れるものの、基礎年金のほうは63歳から65歳受給へ先送りされることが決定された。ところが、厚生労働省は、現在これを「2年に1歳ずつ」の引き上げに変更して、計画完了を4年前倒しする方向で検討している。

加えて2013年の6月には、今度は支給開始年齢そのものを、68～70歳へと引き上げることが検討されていると新聞報道がなされた。そうなると、**長年、お金を積み立てながら、年金が貰えずに死ぬ人が激増する**ことになろう。

これではまるで詐欺である。いきなりこんな変更をなされたら、人生設計も何もあったものではない。決めたことを次から次へと変えてゆく朝令暮改は、制度そのものに対する国民の信頼を損なうことになるだろう。そうなれば、積立を放棄する人も出てきかねない（実際に出ている）。本当に困ったことだ。

しかしこれからも先送りの流れは続く可能性があり、ベルエポック世代が後期高齢者として入院や要介護者となる時、果たして予定通りの年金が受け取れるか定かではない。

現在年金支給開始年齢前に退職を余儀なくされた場合は雇用保険が活用できるが、これは長期間継続して受給できるわけではなく、再就職に失敗すれば無収入となる危険がある。また雇用保険活用期間は年金が支給停止となる。

なおどうしても年金を60歳からもらいたい場合は、繰上げ支給という方法があるが、繰上げ支給の場合、繰り上げた月数に応じて年金が本来の受給額よりも減額され、それが一生続く。また、老齢厚生年金の繰上げ支給を受けると、65歳から支給となる老齢基礎年金も同時に繰上げ支給となる。その際老齢厚生年金は6％の減額で済むが、老齢基礎年金は30％の減額となってしまう。このように、繰り上げ支給は減額の他にもいくつかデメリットがある。

また実際に65歳で正規の年金の受給が始まっても、その年金の額は、厚生労働省の調べで、夫のみ働いてきた世帯で月に約22万円となっている。これに対し、総務省調べでは、65～69歳の生活費は月平均24万7279円かかると試算されているので、実際には**毎月赤字となることが確実**で、その赤字を預金によって賄わなければならないことになる。これで子供や親の面倒を見なければならないとしたら、逆立ちしても無理だろう。

最近問題となっているは、この**年金生活者を狙った新手の金融業者**が跋扈していることだ。これについてはＮＨＫの「クローズアップ現代」で取り上げていたが、千円もしない時計と引き替えに金を貸し、１０９パーセントの利息を取って年金を差し押さえる質屋が今大繁盛だというのである。質屋に対しては利息に特例が認められているため、こうした質屋を装った違法すれすれの貸金業者が出現したのである。

番組を見ていると、最初に葬式代を出すために10万円ほどの金を借りたのがきっかけで、それ以来毎月年金が支給されるたびに利息をつけて金を返し、その瞬間にまた金を借りることを繰り返す年金生活者が登場していた。こんな手口にかかったら死ぬまで借金地獄から抜け出せなくなる。被害者の女性は、金に困っても、決して子供に金を無心することはできないと言っていた。

たしかにそうかもしれないが、これではあまりに哀しい話だ。

してみれば、ベルエポック世代の老後の生活は潤沢な貯蓄がなければ成り立たないように思える。ところが、肝心要の**貯蓄が急激に減少**しているのだ。これについては、「日経トレンディ」平成24年8月6日配信による降旗淳平さんの記事が参考になる。

これによれば、総務省がまとめた２００９年の全国消費実態調査で、単身世帯を除く1世帯当たりの貯蓄残高と負債残高が、いずれも１９６９年の調査開始以来、初めて減少に転じたというのである。この調査は5年に1回実施され、約5万7千世帯を対象に実施されてきたものであるが、その中身は次のようなものだ。

単身世帯を除く**1世帯当たりの平均貯蓄残高**は、２００４年の前回調査時には１５５６万円だったが、２００９年11月末時点の段階で１５２１万円と35万円（2・2％）の減少となっている。

特に、雇用環境が厳しい30歳未満では10・8％減と最も減少率が大きい。預金が減少すると同時に負債も減っているのは、高齢世帯が住宅ローンの返済を進める一方で、若い世帯が住宅などの購入を控えているためと推測されている。

なお２０１０年の調査では、1世帯あたりの平均貯蓄残高は5年ぶりに前年を上回ったが、これは収入が増えたからではなく、老後の不安から、中高年が不動産などの資産から預金に資産をシフトしたためと考えられている。

また「住友信託銀行調査月報2010年10月号」によると、世帯主年齢別1世帯あたり平均貯蓄残高は、1995年～2010年にかけて、50歳代以下の世帯では横ばいから微減となっているものの、60歳代以上の世帯においては、ピーク時の2000年の2636万円から、2010年の2353万円へと10年間で283万円も減少しているそうだ。データはやや古いが、この流れはその後も変わっていないだろう。

以上のことから次のようなことが言える。つまり近年、30歳未満と60歳以上の貯蓄が異常な速さで減少しているが、特に60代が後期高齢者となる時、もう彼らの貯蓄が残っている保証はないということだ。

インフレと自助介護

預金の減少と同時に、ベルエポック世代の所得自体が減少している。

国税庁の平成23年「民間給与実態統計」によれば、2011年の平均年収は409万円で、2008年の430万に比べて21万円も減少した。2012年以降、ガソリン代や電気代が高騰していることを考えると、日本人の生活水準は急速な勢いで下がっていると推測される。

にもかかわらず、老後の負担は増大の一途だ。教育費や介護費用については、既述したのでここでは繰り返さないが、最低限の生活を維持するための費用も年々増大してゆく見込みだ。例えば2014年からは消費税が8パーセントとなるが、2015年の10月からは、10%になることが規定の路線となっている。

実は消費税以外にも、介護保険料、国民健康保険料のアップなど、**事実上の増税が目白押し**となっている。その上2013年1月、政府は所得税の最高税率を現行の40パーセントから45パーセントに引き上げることを決定、さらに相続税率を50パーセントから55パーセントに引き上げることも決めた（実施時期2015年1月）。

相続税については、基礎控除額の引き下げと生命保険の非課税枠の縮小などが計画されており、これにより相続税を支払う対象者が1・5倍から2倍に増えると予想している。相続税を納める条件は厳しく、死亡から10カ月以内に現金で支払わなければならない。土地を相続した場合、これが売れないと滞納となり、高い利子に苦しむ他、最悪の場合は資産差し押さえにつながる可能性もあるという。

また家のローン返済時点で家が老朽化して**リフォーム**が必要になれば、国土交通省の調べでは平均で216万円用意する必要があるそうだ。もちろんこれは現在の試算で、今後資材価格や労賃が値上がりした場合は、もっとかかることになる。
また**親の葬儀費用**は全国平均で約200万円（日本消費者協会調べ）、墓の土地代である永代使用料は、地価が高い東京では100万円以上。墓石は約140万円（鎌倉新書『いいお墓.com』調べ）もかかるそうだ。

このように、今後、こうした必要経費の上昇が我々の生活を圧迫することになることは確実である。それなのに、政府は今、経済のトレンドをさらにインフレに向けて舵を切ろうとしている。実際2013年1月、政府は日銀を巻き込んでインフレ目標値を2パーセントにすることを決定した。2パーセントに達するまで金融緩和を推し進めるらしい。これが安倍政権の政策だ。

アベノミクスの柱として、金融緩和による円安誘導によって企業の輸出を増やすというのがあるが、これについては思惑通りいくかどうか疑念を提出する人も多い。円安で日本企業が復活するという保証はないからだ。実際この1年の動きを見ると、円安によっても輸出はそれほど増えておらず、逆に貿易赤字が拡大している。2013年に入ってから輸入価格の上昇によるインフレ圧力が高まっており、例えば火力発電の燃料費などの大幅な増加にともない、2014年2月より電気料金とガス料金が上がった。この流れはあらゆる業種に波及する見込みである。

実は円安に関する見方もいろいろな意見があり、ジャーナリストの山田順さんは、2012年からの円安は、アベノミクス効果というよりは米国の景気回復によるところが大きいのではないかと言っている。これに対して米国のＦＲＢのほうで金利を上げる可能性があり（実際２０１３年６月下旬、ＦＲＢは金融緩和の終了を言及し、それをきっかけに株価が一時的に暴落した）、そうなると今度は海外の投資資金が逆に米国の金融市場へ再び流入し、円からドルへのキャピタルフライトが起こりかねないという。その結果、円安はさらに加速し、輸入価格の高騰によるインフレが起こり、それがさらに円安を進めるというスパイラルに向かう可能性があると予想している。

そうでなくとも**国の借金も増え続けている**。２０１３年11月、財務省は国債や借入金などを合わせた国の借金が、２０１３年６月末時点で**１０１１兆１７８５億円**になったと発表した。国民１人あたり７９４万円である。債務残高の対国内総生産（ＧＤＰ）比率は先進国中最も高い水準で、２０１４年には２３０％に達するとみられている。こうなると政府の返済能力に対する信用力が低下し、市場で国債を消化できないリスクが高まる。発行国債が消化できなければ通貨に対する信用力はますます低下し、インフレが加速する。そうなると、国民の預金は目減りするが、同時に政府の借金も目減りするから、政府としてはインフレをそのまま放置したい誘惑に駆られる。その行き着く先に、日本国債の暴落があるが、実際２０１３年の5月から発生している長期金利の高騰はそれを先取りした動きだと言う人もいる。またそれを受け、メガバンク3行も住宅ローンの固定金利の一部を引き上げたが、金利が高騰すれば、今度は資金難に陥っている企業の借り入れが困難になり倒産も増えてゆく。その結果、日本経済に対する信用崩壊が起こり、今度はハイパーインフレという狼を招来しかねないことになる。それが**日本経済最悪のシナリオ**だ。

実際インフレというのは、一度発生すると、今度は歯止めがきかない狼と化すことは歴史が我々に教えている。第一次大戦後のドイツにおいては、1兆円が数年で1円になった。その時一番困ったのは老人であった。なぜなら預金と年金がゼロとなったからである。当時、30年積み立てて満期がきた貯蓄型の保険をもらいにいった人が、そのお金で帰りの電車にも乗れなかったという笑えぬ話が残っている。この異常なインフレこそがドイツ国民にヒトラーの出現を待望させたと言っても過言ではない。

もっともこの件について言えば、現在のような供給過剰で、かつ金融システムが安定した社会では、ハイパーインフレは起こりえないと経済学者が解説している。

ただアベノミクスの最大の柱はデフレからの脱却であることに間違いはなく、それを実現するため、政府は金融緩和、財政出動、成長政策の三本の矢を同時に放ち続けるようだ。つまり政府の狙いは、ゆるやかなインフレの実現とその後の構造改革（財政再建）にあるのだ。

このように、日本がデフレからインフレに向けて経済の舵を大きく転換したことは間違いないが、世界的にはかなり前からインフレ基調で動いている。その指標となるのが金価格の暴騰だ。金価格は2000年に1オンス300ドルであったのが、2012年には1911ドルに達している。実にドルベースで6倍の高騰を演じている。

同じく原油価格は、１９９８年に14・４ドルだったのが、２００８年には１４０ドルをつけ、その後も１００ドルの大台を超える水準で推移している。これは第一次石油危機、第二次石油危機をはるかに上回る暴騰と言える。両者はインフレ指標となる代表的な商品だが、いずれも円安になれば、さらに高くなる。金価格は円ベースでは２０１３年の４月に史上最高値（５３３８円）をつけた。

しかし、だからといって、今ここで暴騰した金に手を出すことだけはお勧めしない。一般の人が買い始めると、今度は投資ファンドが貯めた金を手放して暴落が始まるからだ。２０１３年４月の高値の後には、商品相場は下降の兆しを見せ始めている。ただし下降といっても、現状の値段で高値安定のまま推移する可能性が高い。

いずれにせよ、２０１３年の春からは小麦、肉、魚、運賃などの値上げが続いており、**全体的な傾向としてのインフレの流れ**は当分続きそうな気配である。本来であれば、この後賃金も上がってゆくわけだが、今は労働市場が供給過多な上に、派遣労働も多く、賃金のほうは上がりにくい状態となっている。

要するにこれから年金生活を迎えようとするベルエポック世代にとっては、まさに「泣きっ面にハチ」の時代が到来するわけである。

ところで、ベルエポック世代にとって、経費の中でも特に問題となるのが**医療費**である。介護施設の世話になる前に、まず病気になった際にちゃんと自分の身を守れるかが問題だ。

ベルエポック世代が子供の頃は、日本医師会という団体が政府に圧力をかけ、ほとんどの医療は健康保険でまかなわれ、国民が医療費を心配することはあまりなかった。しかしそのため国の赤字が膨らんだことは間違いない。

その反省から、今は基本的に自助負担が原則となり、医療費の無駄をできるだけカットする方向に向かっている。そのため、以前のように簡単に病院に行くことはできなくなった。このように、医療費については、国は補助の減額に努めてきたが、それでも国民医療費はすでに国民所得の一割を超え、今後さらに増加する見込みである。

厚生労働省は2013年11月、2011年度に病気やけがの治療で医療機関に支払われた国民医療費が、前年度比3・1％増の38兆5850億円になったと発表した。1人当たりの国民医療費も3・3％増の30万1900円と初めて30万円を突破し、いずれも5年連続で過去最高を更新した。国民所得に占める国民医療費の割合は、0・51ポイント増の11・13％に上昇、年齢別の国民医療費は65歳以上が21兆4497億円で、全体の55・6％を占めた。1人当たりで見ると65歳以上が64歳以下と約4倍の開きがある。

この医療費の増加に関する新聞記事の解説によれば、入院日数などは短縮しているが、新しい抗がん剤の開発や治療方法の確立、高度な診断機器の普及など、**医療の高度化が医療費を押し上げているようだ**。つまり検査代と薬代にますます金がかかるようになったので、国は高齢者をで

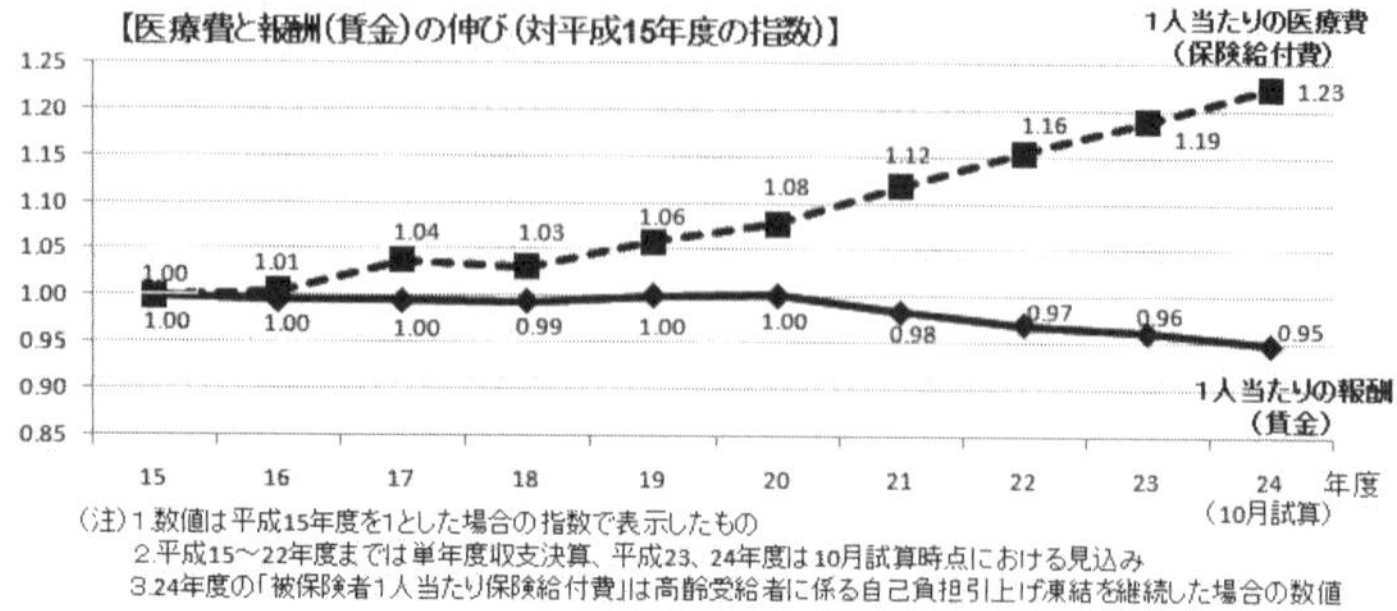

厚生労働省「医療費と報酬の伸び率（概算）のグラフ」

きるだけ入院させないようにしたが、それでも医療費が増えているので、今後はさらに別な施策を考えねばならぬということなのだ。かつては医療費のほとんどは公によって保証され、病気になっても安心して病院にいくことができたが、これからはそうはいかないのである。

　これと関連するが、上のグラフをみていただきたい。これは平成15年を基準にして、医療費と賃金の伸びを指数化したものだが、これを見ると、**いずれ医療財政がパンクする**のは避けがたいことがわかる。医療費支出の伸びが保険料収入の基礎である賃金の伸びを上回り、その差がどんどん拡大しているからだ。加えて賃金の下落が止まらず保険料収入は危機に瀕している。

　公務員（社会保険庁）が実施していた健康保険事業を非公務員化し、自主自立運営かつ事業の合理化・効率化を目指すために設立された組織を全国健康保険協会（協会けんぽ）というが、これは健康保険法に基づき、２００８年に設立された法人である。

この協会けんぽ支出の４割は介護を除く高齢者医療に当てられ、その財政はパンク寸前となっている。このため協会は、国庫補助の増額、高齢者医療制度の見直し、診療報酬の引き下げなどを政府に要求しており、医療の質そのものの見直しがなされることが必定となってきた。

つまり**従来保険でまかなわれた医療行為が、今後保険でまかなわれないようになる**ということである。

なお、２０１３年8月22日の各新聞記事によると、政府は社会保障改革の骨子を閣議決定した。これによると、**70歳から74歳の医療窓口負担**を現在の１割から２０１４年度中に**２割に引き上げ**るそうである。また同時に**介護保険法も改正される見込み**で、15年度からは「要支援１、２」の人を市町村事業に段階的に移行し、高所得者の負担を現行の１割から増やすこと、さらに大企業の健康保険組合の負担を増加させること、国民健康保険を都道府県に運営委託させることなどが議論されている。

これに続いて8月25日には、厚生労働省により**特別養護老人ホームの入所基準を見直す**ことが発表された。これによると、２０１５年から特養施設に入所できる基準を要介護３以上にする方向で検討しているようだ。要介護３というのは、ほぼ寝たきりの状態をさす。つまり、これからは、**「生きるも死ぬも金次第」の時代**がやってくるということなのだ。十分な医療を受けようとすれば、公的保険以外に保険をかけなければならない。子供の世話になることもできず、介護施設に預けられた時にはまったく身動きもとれず、そのうえ十分な医療も受けずに死ぬ。これが長年健康保険料を払い、バラ色の老後を夢見たベルエポック世代の、終末の姿といえるのだ。

熟年離婚の増加

第1章で、結婚しない若者達が増えていることに言及した。一方で、定年退職を境に離婚する熟年夫婦が増加している。

この言葉自体は、テレビ朝日系列で２００５年に放映されたホームドラマ（渡哲也と松坂慶子主演）から一般化したものだが、厚生省の人口動態調査によれば、２０１２年の離婚は23万５千組で、**２分に１組のペースで夫婦が別れている**。うち同居20年以上が約３万８千件と16パーセントを占めている。離婚数そのものは、この10年間で減少しているが、同居期間25年以上の熟年夫婦の離婚は、ここ10年で2倍以上に増え、同居期間30年以上に限ってみると3倍近くに上っている（次頁表参照）。しかも、そのほとんどが、ドラマと同じく妻からの申し立てによるものだそうだ。

昔は、30年も一緒に暮らしていれば、老後に離婚という選択肢はなかった。ましてや三行半とは女性に対してなされることであり、女性から離婚を申し出るのは稀だった。女性に生活の手段がなかったからである。

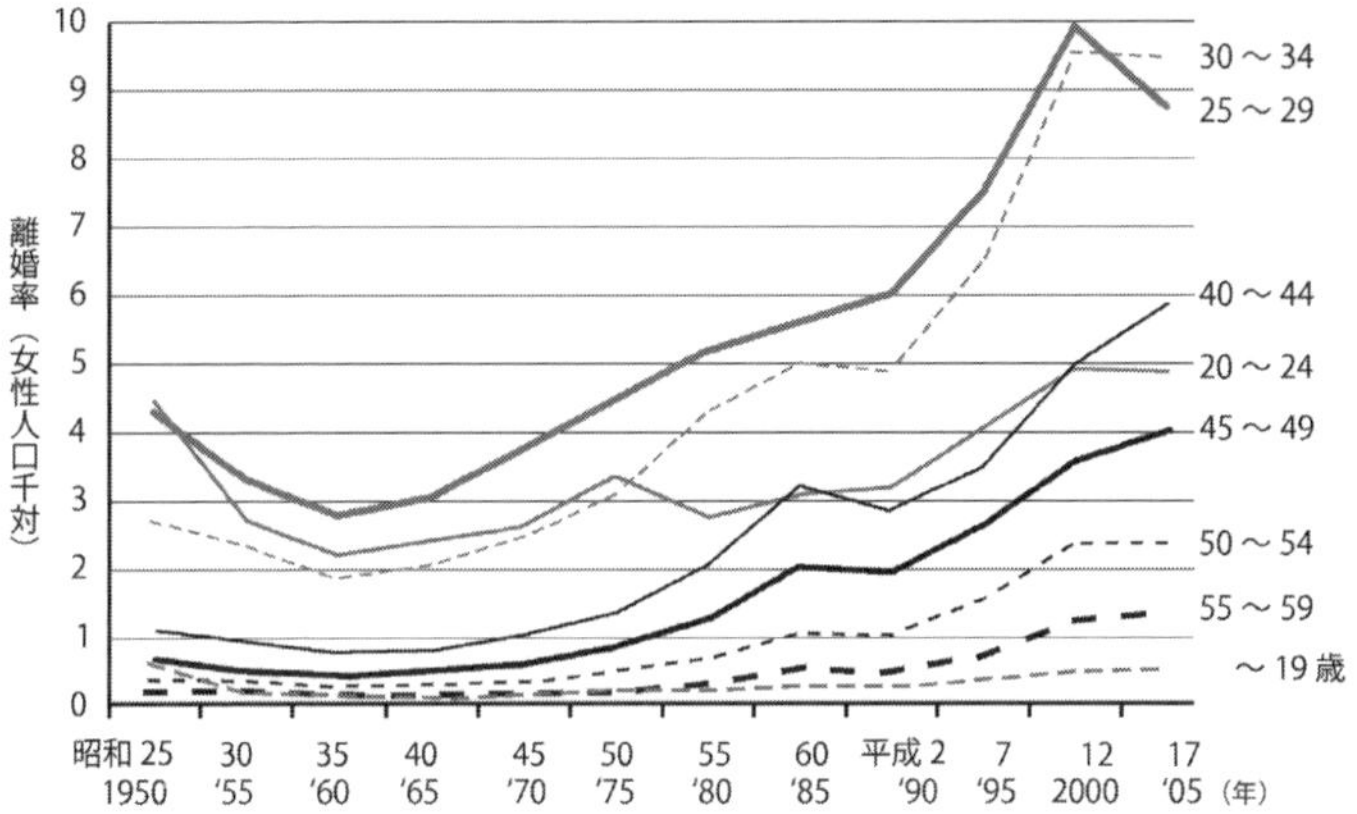

厚生労働省「年齢別離婚数の推移グラフ」

しかし２００７年４月より施行された**年金分割制度**により、厚生年金が夫婦で分割されるようになった。この制度の施行で、長年専業主婦で経済的に自立できずに離婚をあきらめていた**主婦たちの逆襲が始まった**ようだ。この制度施行以降、離婚件数、特に熟年離婚が急増し、今後も益々増加すると見込まれている。

今は長寿化によって退職後も長く人生が続く。若い頃にウーマン・リブの洗礼を受けたベルエポック世代の女たちにしてみれば、その長い時間を嫌な相手と暮らす必要性を感じなくなったのであろう。

だいぶ前だが、一頃流行った言葉に「**濡れ落ち葉症候群**」というのがあった。これは濡れた落ち葉が払っても離れないことから連想して、主に定年退職の夫が、出かける妻について行く様子を皮肉った言葉だった。評論家の樋口恵子さんが、あるシンポジウムで伝聞として聞いたものを紹介したことから広まり、1989年の流行語大賞新語部門表現賞を受賞した。

この言葉は、団塊の世代前の、いわゆるモーレツサラリーマンたちが定年退職し、妻に持て余される様子を揶揄した言葉だが、彼らは働き蜂で趣味もなく、家庭や地域を顧みることもなかったため、退職後にいざ何かを始めようと思っても何もできなかったのである。その結果、家庭の中でも居場所がなくなり、仕方なく妻について歩いたのだった。しかし当時の妻は、濡れ落ち葉状態の夫を馬鹿にしても、放り投げることはしなかった。なんといっても夫が財布を握っていたからである。

しかし今は違う。妻は年金が半分あれば自分一人で生きていける。パートタイマーの仕事もある。子供はたいてい妻につく。わざわざ役立たずの夫にかしずく必要などない。そうでなくとも女性のほうが平均寿命は長いのである。いずれ夫の介護もしなければならない。まして浮気で自分を裏切った過去があるとすれば、そんな夫の世話など御免被るというのが妻の言い分である。こうなると女は強く、男は哀れだ。妻に離縁を突きつけられた男は、飯の支度もできずにおろおろするばかりだ。

現在カカア天下というのは群馬県だけの現象ではない。さまざまなアンケートでも、**妻が強く主導権を握っているというのは、日本の普通の姿**である。

夫婦問題研究家の岡野あつこさんは、熟年離婚に関して何冊も本を書き、熟年離婚のアドヴァイザーとして活躍している方だが、彼女のブログ「明日元気にな〜あれ！」には、「夫婦の関係が、以前までの『一生添い遂げる』『夫についていく』考え方ではなくなってきており、夫婦それぞれの生き方を重視する傾向が顕著になってきている」と書いている。

そもそもベルエポック世代は、**個人の自由を重視する価値観**を保有しており、人生をよりよく、自分らしく過ごしたいという欲求を持っている。愛情の冷めた配偶者と我慢して暮らす人生観を最初から持っていない。

熟年離婚に至るきっかけは、信頼を裏切られた時、相手に愛情を感じられなくなった時、年を取って相手の性格が変わったと思えた時などさまざまだという。こうしてお互い思いやりがなくなった時に、急に許せていた相手の欠点も目につくようになるらしい。こうなると、若い頃許せた配偶者の癖も、ただの欠点としか思えず、頼りがいのあると思えた配偶者の行動が、実は横暴なだけだと感じるようになる。また老後を迎えた時に、その過ごし方に対する方向性が違ってくると、不信感を覚えて急に情が失せると岡野さんは述べている。

他にも熟年離婚が増えている理由がいろいろある。

特に原因がはっきりしているものに、**借金が理由の熟年離婚**というのがある。パチンコ、競馬、先物取引、株のようなギャンブルによる失敗、カードによる過大な買い物による破産、職を失って借りたサラ金の借金が返済できなくなるケース等々、現代においては経済的に追い詰められて離婚するケースに事欠かない。借金についていえば男女に違いはなく、妻のカード破産から離婚に至るケースもある。

また**親の介護をめぐって離婚**に至るケースも多い。専業主婦が夫の親の介護に疲れ、離婚を申し出るのだ。この結末は、熟年離婚の果てに、親のほうも介護施設に預けてしまうという寒々とした光景だ。

それでも子供が自立するまでは我慢というのが一般的だ。しかし最近では、喧嘩の絶えない両親に子供のほうから離婚を勧める場合もあり、それがきっかけで離婚を考え出す夫婦もあるようだ。

また離婚する前に配偶者が失踪し、生死不明となる場合もあるようだが、この場合、取り残されたほうは離婚することもできずに心の病に陥ってゆく。

こうした現状の中で、岡野さんは次のようにアドヴァイスをしている。

「熟年離婚をスムースに進めるためには、きちんと準備をする必要があります。計画もないまま熟年離婚を切り出すと、双方が感情的となって話し合いもうまくまとまりません。話し合いがスムースに運ぶように相手の性格なども考慮して、必要な手続きを取り、段取りを決めて進めるよう計画をたてることがお勧めです。冷静さがとても大切です。法律に関することなど、わからないことや処理できないことは弁護士などのプロの専門家に相談することも必要です。(中略)

お金の面でも準備をしておく必要があります。生活費を確保しておくためにも自分名義の口座にお金を蓄えておくことも大切です。また、相手に一方的な瑕疵があって熟年離婚をする場合は、証拠となる資料を保管しておくようにしましょう。財産の分割、譲渡を嫌って資産を隠したり、他人に譲ってしまったりする恐れのある場合は裁判所に財産処分の禁止の仮処分を申し立てるようにしましょう」

こんなふうに、主婦が笑顔で熟年離婚アドヴァイザーの門を叩くという光景は、以前は考えられないことだった。

それにしても、妻が自分の知らぬ間に、裁判所に出向いて財産処分禁止の仮処分の手続きをしていたとしたら実に情けない話だ。以前テレビで、退職金を全額手にして失踪した妻の話を放送していたが、これでは日本の男の面目も丸つぶれであろう。

こんなふうに、家族のためにボロボロになるまで働いて、最後は熟年離婚で捨てられるとしたら、日本の男は悲し過ぎはしないだろうか。

理想は常に裏切られる

いろいろ書いてきたが、実はこの世代にとってもっとも深刻な問題は**心の問題**である。

実験心理学では意欲実験というのがある。例えば、水槽の中央に仕切りとなる透明の強化ガラスを入れ、片方の側にカジキ、もう片方の側にカジキの餌となる小魚を放すとする。当然カジキは小魚を食べようとして透明のガラスに体当たりしてゆく。それを何度も繰り返すうちに、やがてカジキの頭部から血が滲み出てくる。すると、カジキは餌を採ることを諦めるようになる。カジキの摂取行動がなくなった頃にガラスを取り上げると、小魚はカジキの目の前を泳ぐようになる。ところが、カジキはそれでも餌を採ろうとしなくなるらしい。

この実験の結果に驚くべきことはない。要するに、生き物というのは、**何度も裏切られると生きる意欲をなくしてしまう**という話なのだ。

今一つ考えさせるのが、ユピック（エスキモー）のような狩猟民族にはあまり精神病は多くないという話だ。ユピックについて言えば、アメリカ政府が彼らを保護して家に居住させるようになってからアル中が増えたそうだ。狩猟民族は、全神経を、獲物を捕ることだけに集中し、初めから生きる意味など考える余裕はない。

これと似ているが、大震災や戦争のように生死をかけた戦いに晒されている時も、心の病は減少する。そもそも期待のないところには、葛藤もないからである。だいたいにおいて、心の病というのは期待が高まり、それが実現されない時に起こるものなのだ。

この謂いでいえば、実はベルエポック世代というのは、**期待を過剰に膨らませながら成人し、成人してからは常に幻滅を味わってきた世代**であるといえるかもしれない。見続けた夢はすべて幻想であったのかとため息をついているのが、今の彼らの姿といえよう。

では、彼らが見た幻想としてはどのようなものがあったのか。次にそれを整理してみよう。

ベルエポック世代が陥った第一の幻想は、**人類はどこまでも豊かになってゆく**というスローガンである。実際池田勇人内閣によって打ち上げられた所得倍増論は、高度成長によって実現するが、その時代はベルエポック世代にとって少年期から青年期にかけた時代だった。彼らは日本が豊かになる様を目の当たりに見て成長し、それが未来永劫続くと錯覚してしまったのだ。しかし彼らが社会に出てから遭遇したのは、既述したように、賃金低下とリストラの嵐であった。まさかこんな結果になるとは思いもしなかっただろう。

第二は、**科学の進歩によって人類はどのような夢も実現できる**という幻想である。

ベルエポック世代は、鉄腕アトムを読みながら、いつか科学技術によって人類の問題がすべて解決されるのではないかと思い込んで成長した。その中には原子力の平和利用というお題目も含まれていた。しかし産業革命以来同じことを繰り返してきたが、テクノロジーの進歩は雇用を減らし、原子力の平和利用も福島原発事故で頓挫してしまった。この先、まだ科学技術に何を期待せよというのか。

第三の幻想は**人間平等の思想**である。

これについては、ベルエポック世代は戦後の民主教育を徹底的に叩き込まれた世代であった。

民主教育の中では平和憲法が最上の価値とされ、職業差別の禁止、民族差別の禁止などを教え込まれた。その中で、助け合い、協力することが唱えられたのである。そのため、ベルエポック世代は、他を押しのけて前に出ようという価値観に罪悪感を抱いて育った。先生方からそのことを厳しくしつけられたからである。そのため団塊や新人類に較べて、どちらかというとおとなしく、控え目な性格の人が多かった。

ところが、実際に社会に出てみると、世の中の真理は「弱肉強食」で、恥も外聞もない奴らがのさばって、自分はリストラの憂き目に遭うということを繰り返してきた。

当然のことながら、人間平等の思想は第四の**男女平等の思想**に結びついていく。この世代の歴史を考えると、ウーマン・リブの洗礼から始まり、女性進学率の向上、男女雇用機会均等法の成立に至るまで、日本における男女平等を実現した世代であったといえる。女性に優しいニューファミリー文化を築いたのはこの世代だった。女性と一緒に買い物し、料理を作り、家事を分担し、一緒にコンサートに出向くことを始めた最初の世代なのである。ところがその世代が、今になって熟年離婚を増加させているのだ。それは一体何故なのか。

男女平等はいいが、給与振り込みによって妻から小遣いを支給され、高学歴でプライドが高い妻に理屈で要求ばかり突きつけられているうち、男たちは何か自分が鎖に繋がれた犬ではないかと思うようになってくる。そうでなくてもさまざまな災難で心身ボロボロとなった男たちは、ある日突然、自分の夫婦生活を疑う局面に遭遇する。

第五として、**個性の追求**という幻想がある。個性の追求というのは、戦後の民主教育がもっとも力を注いだ部分である。

この件については、三浦展さんの『下流社会　新たな階層集団の出現』（光文社新書）に興味深い記述がある。いわゆる団塊ジュニア世代で若者の下流化が進展し、経済格差が広がっているが、その世代の上流と下流の価値観の中で顕著な違いを示しているのが、この「個性の追求」という項目なのだそうだ。彼の調査によれば、「自分らしく生きたい」と解答している若者に下流が多いという。実は団塊ジュニアである槇原敬之の『世界に一つだけの花』は、下流の若者を慰めるために作った歌に思えるというのだ。

これに対して上流の人は、極めて常識的な価値観を持つ人で占められている。常識的というのは、つまり挨拶、礼儀などを重視し、上昇志向で、明るい体育会的性格を有する人という意味である。昔でいえば保守派だ。こうした人は、親や先生が示した規定のレール通りの人生を歩むことで「勝ち組」となったのだそうだ。

この論法が、果たして普遍化できる性質のものかどうか疑問だが、たしかに個性というのは、団塊の世代が生きた高度成長時代には長所となりえたかもしれないが、低成長時代には弱点となる徳目だったかもしれない。低成長時代はチャレンジして失敗するよりも、失敗を避けて我慢したほうが長く生き続けられるからである。

そもそも団塊世代ジュニアというのは子供の頃から飢えの体験がなく育ち、自由な子供時代を送った世代である。ところが親ほどタフではなく、現実の社会では激しい競争から脱落せざるをえなかった。その結果、下流化していった。そしてこのことについて言うならベルエポック世代も同様で、彼らはいわゆるモーレッサラリーマンになることを拒否して自分の世界を追求し、その結果、社会からもドロップアウトしていった人間が多いといえるのだ。

ここからは、第六の**ヒューマニズム**という幻想に移行するが、ベルエポック世代というのは、国際協調とか、脱競争社会とか、自然環境との調和とか、拝金主義との決別など、優しさを打ち出したスローガンが大好きな世代であった。その優しさをヒューマニズムという言葉で言い換えるならば、ベルエポック世代はヒューマニストが多かった。ところが気がつけば、「庇を貸して母屋を取られる」の例えではないが、経済の覇権は韓国や中国に奪われ、国内では「負け組」に所属していたのである。

かくてベルエポック世代が子供の頃に見た夢は、すべて「大いなる幻影」であったことが判明する。だからといって今さら生き方を変えるわけにもいかないだろう。すべて幻想であったとして、では何を目指して生きてゆけというのか。今や時すでに遅しなのである。

この結果、ベルエポック世代は抑うつ状態に囚われることになるが、それについては次章を見てゆくことにしよう。

第4章

ベルエポック世代が陥る
さまざまな症候群

うつという名の暗雲

三大疾病という言葉がある。悪性新生物（がん）、心疾患（急性心筋梗塞）、脳血管疾患（脳卒中）である。しかし厚生労働省によると、２０１２年の死因別の死亡数は、がんが36万１千人でトップ、次いで心疾患（19万６千人）、肺炎（12万３千人）、脳血管疾患（12万１千人）となっている。肺炎は高齢化を反映して、２０１１年に、１９５１年以来、60年ぶりに死因のトップ３に浮上した。この上位４疾患で全死亡数の６割強を占めている。この４つの病気は年を取るに従って増えてゆく。酷使した体の耐用年数が過ぎるとかかる病気といってよい。

また近年の顕著な傾向として、**自殺による死亡が増加している**ことが挙げられる。警察庁の統計によると、１９９６年までは２万４千人前後であったが、既述したように、１９９７年から２０１１年まで15年連続３万人を超えている。もっとも２０１２年だけは自殺者の数が前年と比較して減少したが、その理由として、東日本大震災の影響が考えられている（被災地域が統計に入っていないなど）。

近年の自殺の増加については、若者の自殺が激増していることが大きな特徴だが、しかし実数では中高年の自殺がやはり一番多いことを忘れてはならない。つまり**ベルエポック世代の自殺が数では一番多い**のだ。性別では男性の自殺が多いが、最近は女性の自殺も増える傾向にある。

自殺の背景の一つとしていろいろ考えられるが**心の病**である。自殺者の多くが自殺に至る前になんらかの心の病に陥っているという報告がある。心の病といっても多様だが、若者の場合は何か悲しい出来事に遭遇して発作的に自殺することが多いのに対し、中高年の場合、抑うつ状態が長く続いてから自殺に至るケースが多いようだ。

心の病の中でも、てんかんや統合失調症については、遺伝的な要素が深く関与しているといわれ、加齢に比例して増えるという病気ではない。一方先程も問題にした認知症は、がんと同様、生活習慣とストレスによって発症確率が高まり、年を取るに従って増えてゆく。そしてこの３つの病気は、周囲がはっきり病気であることを認識できる病気だ。そして脳内にも器質性の異常が認められるとされている。

これに対し、うつ病は周囲からは病気には見えない。程度にも差があり、仮病もあってなかなか病気であるとは信じてもらえない。しかし一見なんでもないように見えるうつの人は、内心とてつもなく苦しんでいる。単に気分が憂うつなのではなく、さまざまな身体症状に苦しんでいる。

うつ病の具体的な身体症状としては、入眠困難、途中覚醒、早朝覚醒、食欲低下、動悸、発汗、呼吸困難、倦怠感、頭痛、肩こりなどがある。また精神科医の大野裕さんは、自著である『うつを治す』（ＰＨＰ選書）において、うつ病の９つの心理的症状を挙げている。抑うつ気分、興味喜びの喪失、食欲減退または増加、睡眠障害、強い焦燥感と運動の制止、疲れやすさと気力減退、強い罪責感、思考力や集中力の低下、死への思いである。

他に、朝悪化し夜改善する日内変動、特定の季節に現われる季節変動、躁状態とうつ状態が急速に交代する急速交代、妄想などの特徴があり、専門家によれば、うつ状態の時は、実際に、脳内でセロトニン、ノルアドレナリンという神経伝達物質が減少するらしい。そして重症化すると、痙攣を伴う硬直状態に陥る。そうなると、被害妄想と波状的に訪れる世界崩壊感のために泣き叫ぶこともある。が、それでも周囲からは病気と信じてもらえない。それどころか、演技をしていると詰られることもある。

大野さんはさらに、うつの症状として3つのことを指摘している。第一は、うつになるとマイナス志向に傾き、認知のゆがみを引き起こすという点。第二は、与えられた課題に対処するコントロール感覚が失われる点。第三は、周囲の人と正常に接するコミュニケーション能力が失われる点である。


ところで、このうつ病の原因としてどのようなことが考えられるのだろうか。

これも大野さんによるが、うつ病の原因は心因性のものと内因性のものがあるようだ。しかしこの二つは相互に影響を与えており、相乗作用によってうつは進行するため原因を特定することは難しい。また心筋梗塞、糖尿病、がんなどの病気、あるは妊娠、閉経などとの関係も疑われている。

しかし、一般にはうつ病は強度のストレスによって発症すると思われている。そのストレスの中でも、いわゆる喪失感というのが重要だ。仕事の失敗による自信喪失、努力に対して報いがない場合に生ずる意欲喪失、愛する人を失う時に生ずる愛情喪失、そして人生のあらゆることに対して絶望する希望喪失、こうした喪失感によってうつが誘発されるのだ。

これがきっかけで口数が少なくなり、気弱、自閉になる。仕事への意欲と集中力が低下しミスが多くなる。それを責められ、やがて被害妄想に陥って仕事をするのが困難になる。医療ジャーリストの森田豊さんによれば、実際にうつを発病する前に、暴飲暴食、イライラ、遅刻、ルーズな服装などの、現代人が陥りがちな生活習慣の徴候が現われるという。しかし、これらの症状は、やはり怠慢と区別がつかない性質のものだ。

そしてこのうつ病や双極性障害（いわゆる躁うつ病）にかかる人が現在増えている。

厚生労働省が3年ごとに実施する「患者調査」によれば、「気分障害」（うつ病、躁うつ病、気分変調症等）の総患者数は、1999年に約44万人であったのが、2008年には104万人と、9年間で2・4倍に増えた。また2013年8月22日の「朝日新聞DIGTAL」によれば、2008年から2011年にかけて、うつ病を含めた心の病で受診した人がさらに2割増えたようだ。

もちろんこの統計では医療機関に診てもらわない患者の数字は出てこない。これについて、受診率の国際比較では、心の病気に関しては、日本人は病院に行かない割合が高いことが明らかになっている。

２００９年12月４日の「読売新聞」は、うつ病患者の急増について杏林大保健学部の田島治教授のコメントを載せているが、教授は「うつ病の啓発が進み、軽症者の受診増も一因」と指摘している。またうつ病患者の増加は、新しいタイプの抗うつ薬が国内でも相次いで発売された時期と重なっていることも言及している。つまりうつ病が病気として認知されるようになり、そのことが患者の数を増やしたという意見である。

ところでうつ病が問題なのは、現在**これをきっかけに仕事を失う人が増えている**ことだ。

２０１３年３月発売の「週刊スパ」ではそのことを特集として取り上げていたが、それによると、35歳から40歳の無職独身２００名のアンケート調査で、仕事をなくした理由を聞いたところ、46パーセントが**精神疾患で仕事を失った**と答えた。ここでいう精神疾患とは、ほとんどがうつ病をさしている。

精神疾患にかかったほとんどの人が真面目で責任感が強く、仕事に打ち込みながら、ストレスのために発病し、それが理由で失職しているのである。また再就職できない理由を問うと、「ハローワークに行っても門前払いされる」とか、「外に出るのが怖い」と答えた人が多く、うつ病特有の気力の減退が社会復帰を遅らせる原因となっている。

これがうつ病以外の病気であれば、会社は簡単には解雇できないだろう。ところがうつ病は病気と見なされず、単なる怠慢と判断されるため、勤務状態不良で解雇できるのである。労働組合の力が弱体化した現在、うつ病にかかるということはまさに生活の糧を失うということを意味する。この意味でも、こんなに恐ろしい病気もない。

さらにこれと関連して、2013年からは「**就活うつ**」という言葉がマスコミの間で流行りだした。こちらのほうは、解雇になって就活をし、それが原因でうつになることをさしている。そうした仕事がらみのうつ病患者が現在激増しているが、やがて彼らは**大人の「引きこもり」予備軍**となっていく。

実際の話、現在の労働現場は労働者がうつになりやすいようにできている。

これについては、加藤敏・自治医科大学教授によって「**職場結合性うつ病**」という病気が唱えられた。「職場結合性うつ病」は、イライラが高じて過喚気発作や不安恐慌発作など、パニック症状を起こす病気だ。旧来の「物静かな」「生気のない」うつ病とはまったく異なる症状を呈する。絶えず仕事や金銭的問題、失業などの悩みが頭から離れないため起こるのだが、髪をかきむしったり、キョロキョロ周囲を見回したり、一方的にまくしたてたりするそうだ。また最近では、仕事の時だけうつになり、仕事が終わるとごく正常な状態に戻る**新型のうつ**も医者の間で問題となっている。

精神科医の西多昌規さんは、これに関連して自らのブログで次のように報告している。

「かつては仕事がひとつ終わると、次の仕事にとりかかるまでゆっくり待つ時間がありました。外回りや出張は、会社から離れられる合法的な逃避の意味で、緊張を和らげる効果もあったと思います。しかし、今ではコンピューターやインターネットによって、スピーディに結果や報告がなされます。一息つく暇が、まったくなくなってきています。会社から離れることはできても、携帯電話やメールによる交信から離れることはできません。タバコ一服の休憩も、職場での禁煙の励行により駆逐されつつあります。さらに、グローバリズムによって熾烈化した企業間競争や、これに直結するサービスの不断の向上という圧力が、末端のはたらく人にまでかかってきます。（中略）

現代の職場と関連深い物理的、心理的変化が、はたらく人の休むゆとりを減らし、心身疲労をもたらすことは、職種の違いを超えて現代の社会全般に共通していると考えます」

この結果、うつ病は、現代日本が克服しなければならない最も重要な病気の一つに浮上してきたのである。

なお、厚生労働者の患者調査（平成23年のうつ病の男女別患者数を年齢別に表わしたもの）によると、男は40歳代から50歳代にかけて、女は30歳代から40歳代プラス60歳代から70歳代にかけてうつ病患者が多いことがわかる。

男の患者について、40歳代について50歳代で多いのは、この世代の男性が仕事上のストレスに晒されていることが理由だろう。ちなみに1999年から2008年にかけての男女・年齢別の増加数では、男女とも30歳代の増加が目立ったが、この人たちは現時点では40歳代に移行しており、現在の統計に適合する。これについて、2007年6月29日には、NHKスペシャルが「30代のうつ～会社で何が起きているのか～」を特集した。番組では、合理化・効率化が進む中、現場ではしわ寄せが30代にのしかかっていると分析し、成果主義や裁量労働制が広がる中、多くの職場で働き手が「孤立」している姿を報道していた。

これに対し、60歳代、70歳代にかけて男性高齢者のうつ病数が減ってゆくのは、男の場合、退職の時点で仕事上のストレスはなくなることが理由だろう。また退職後も飲酒やパチンコ、ドライブ、つり、畑仕事といった、外で発散する趣味がたくさんあり、とりあえずうつから免れることができるからと思われる。それに現在の60歳代、70歳代というのは団塊の世代より上の人たちで、この年齢の男たちは、基本的にうつとは無縁の人生を送ってきたといえる。

一方女のうつ病が、60歳代後半から70歳代に増加するのはなぜだろうか。

これについては更年期障害の影響と捉える人もいる。しかしそれだけではないだろう。女のほうは家にいることが多く、そこに年取った旦那が居座り、介護の必要が生じてくるためストレスが高じることになる。また女にとっては子供が何よりも大事なので、子育てが終わった後に「**空の巣症候群**」に陥りやすい。

今述べた話は一般的な考え方だが、今後はそうはいかないような気がする。つまりベルエポック世代が本格的に高齢者に突入する頃には、男の高齢者のうつ病も激増するのではないかと思われる。今まで述べてきた三重苦が、今後ますます彼らにのしかかってくるからだ。実際すでに病院に行かないだけの家庭内うつに陥っている老齢男性は増加しているという指摘もある。私自身は、**これから本格的な老人うつ病時代がやってくる**という感触を持っている。

そして老齢うつ病患者が薬を服用することで生ずる新たな問題が懸念されている。年を取るとさまざまな薬を飲む機会が増え、その副作用が心配されるからである。特にうつ病の薬は脳に作用するため、認知症を増加させるきっかけになりかねない。

ストレス→うつ病→投薬→認知症のサイクルにどう備えるか、それがベルエポック世代のこれからの課題となる。

さて、次節からは、**ベルエポック世代がかかりやすいうつ症状を原因別に類型化**して見ていくことにする。

ここでいう「うつ」は、あくまで症状である。医者はそれを誘発する因子と処方については指針を出せるが、その因子の内実までは深く立ち入らない。例えば仕事によるストレスが原因だとしても、そのストレスを緩和するため職場でどのように対処すればよいかまでは論及しない。そうした議論は千差万別で科学とはなりえないからである。

とはいえ、私は医者ではない。医者ではないのでたとえ話で話をするしかない。もっともたとえ話というのは、時折下手な薬より役立つことがある。そのたとえを、私は文学作品の中から拾い上げてみることにする。文学作品の中には、さまざまな人間が描かれており、その生き様を学ぶことで生きるヒントが得られることが多いからだ。まさしくそれが**文学の効用**というものであろう。

これから私は、まもなく老年を迎えようとする人と重なるキャラクターを文学作品の中から何人か拾い出し、その人物を反面教師にすることで、同じ悲劇に陥らぬよう心掛けたいと考えている。**以下登場するキャラクターはすべて気分性障害に陥っている**と考えられる。実際文学作品は、過去にたくさんのうつ症状の人間を描いてきた。これによりうつを病理学的にではなく、現象学的に類型化することができる。

自分がこの中のどのパターンに該当するか考えてみることで、予防もしくは病理からの脱却を果たす参考にしたいと考えている。パターン認識ができれば、以後の方策が見えてくる可能性があるからだ。

その際、最初に取り上げたいのはシェークスピアの四大悲劇の一つ『**リア王**』だ。

なお『リア王』について考える前に、シェークスピアの四大悲劇についてもちょっと触れておく。この四大悲劇というのは、ご存じのように、『ハムレット』、『マクベス』、『オセロー』、『リア王』の四つの芝居をさしている。そして並べてみて気づくことは、この芝居の主役は、４人とも誇大妄想に囚われた人物であるということだ。そしてすべてのキャラクターがうつ症状に陥っている可能性がある。この4つの芝居の主人公は、すべて妄想の中で破滅してゆくからだ。してみれば、心の病にかかった人というのは、それ自体が魅力を放つ人物であるということもできる。すべての悲劇は妄想から始まるが、妄想なくしては創造もありえないといえるのかもしれない。

リア王症候群

リア王というのは、ウィリアム・シェークスピアが書いた有名な悲劇の主人公だ。王は、長女と次女に国を譲った後に裏切られ、末娘とともに二人と闘うが、最後は末娘が死に、自分も絶望して死んでゆく。

子供の頃、童話仕立ての少年少女版でこの物語を読んだ時、私は妙な違和感に捕らわれた。なんとも教訓臭い話と感じられたからだ。

その少年少女版では、たしか王の誕生日に、姉二人が王に砂糖を贈り、末娘が塩を贈る話が伏線として付け加えられていた。王は、塩をくれた末娘を嫌って長女と次女に国を譲り、その二人に裏切られるのである。つまり王は、追従巧みな長女と次女に騙され、末娘の真心を見抜けなかったというわけだ。少年少女版は、真心は甘言の中にはないということを教える教訓話となってい

た。それにしても、長女と次女の歯の浮いたような追従に気づかぬ王が、子供心にも滑稽に映ったものだった。まともな知性を持った大人であれば、それが心から発せられた言葉ではないと気づくはずだからだ。

しかし今、それなりの年齢を重ねてこの物語について考えると、改めて「やはりそうだろうな」と頷いてしまう。

実際人間という存在は、そう簡単に追従から逃れられるものでない。権力を握った者ほどそうである。その理由は、追従が消えた時、権力者は自分の裸の姿に愕然としてしまうからだ。アンデルセンの『**裸の王様**』ではないが、王である限りは、たとえ裸であっても美しい衣を纏っているといわれたいものだ。いくら「巧言令色少なし仁」という言葉を学んでも、**結局人はおべっかに弱い**のである。

次に、ここからはシェークスピアの戯曲にそった話をするが、リア王は、追放され、絶望のどん底に陥って初めて人生の真実に気づく。それを気づかせるのが道化だ。リア王と道化の遣り取りは、この芝居の白眉として評価が高い。大学時代、英文学の先生が、この件について次のように解説したことを思い出す。要するにこの世には、頂上とどん底の二つの世界があり、その二つを見た者でなければ、この世の真実を知ることはできないとシェークスピアは教えている、というのだ。

それともう一つ、この芝居が悲劇である根拠は、正義を体現する末娘が結局は敗れて死に、絶望したリア王も憤死する、という**救いのないシチュエーション**にある。これは、人生の現実を非情なまでに突き放して伝えた芝居といえる。この芝居では善は勝利を得ずに終わる。その結末は、結局**「運命には逆らえない」という動かしがたい人生の真実**を感じさせるものとなっている。その意味で、この芝居は、まさにギリシャ悲劇以来の、悲劇の王道を踏襲した作品なのである。

さて、私が今、ここで『リア王』の話を持ち出した理由は那辺にあるかだが、もちろんここで、文学談義をしようというのではない。つまり、**いつの時代でも、特に功成り名を遂げた人の中にリア王のような人物を見出すことがある**といいたいだけである。功成り名を遂げた人であるから、その数は多くない。極めて少数である。しかし少数ながらも、栄光を手にした人が老いて寂しく過ごしている様を見るのは忍びないものだ。

実際、「勝ち組」の中で、最後に誰からも相手にされなくなる人が数多くいる。例えば職場のボスである。ボスといっても、会社のオーナーから役所の長までさまざまだが、私の経験では、ボスの多くはヨイショに弱い人だった。

彼ら自身がいわゆる「ごますり」で出世したとはいいたくないが、たとえ苦労人であっても、偉くなってしまうと、どうしても下心のある鞄持ちを登用してしまう人が多い。それが人間の性（さが）というものなのだろう。こうしたことが何代も繰り返されていくうちに、やがて組織はガタガタになってゆく。

もしかして、日本の超一流企業の凋落の原因は、こうしたことに理由が潜んでいるのではないかと疑いたくなる。

ではなぜ、ボスが追従組を登用するかといえば、おそらくその職場を去った後でも、影響力を行使したいと願うからだろう。そうした人は、権力の座をイエスマンに譲り渡す。イエスマンでなければ自分の言うことを聞かないからである。しかしそうしたイエスマンが退職後も自分のロボットであり続けるとは限らない。そうした下心のある奴に限って没義道を常とするからである。

その結果、最後は権力を譲った部下に裏切られることになる。院政をしこうと思ってイエスマンに権力を譲り渡したら、予期せず役員から外されて狼狽することになりかねない。後悔先に立たずだが、そうなると憤りのために眠れなくなる。

これについてはアカデミー作品賞を受賞したジョセフ・L・マンキーウィッツの『**イヴの総て**』

（50）という作品を思い起こす。この映画はそうした没義道の女優を描いた名作である。私はかつて、別な本でこの映画について次のようにコメントしたことがある。

「大女優マーゴ（ベティ・デイヴィス）に憧れる田舎娘（アン・バクスター）がその付き人となり、初めは誠実を装ってマーゴに近づき、必死に彼女に仕え、後になるとマーゴを踏み台にして、なりふり構わぬ汚い手口で栄光の階段を上りつめてゆく。破廉恥でなければこの世で成功を収めることはできないという人生の真実を、あの映画ほど見事に描いた作品はないが、出世を願うならば、この映画は見ないほうがよい。なぜならこの映画を見ると、含羞という言葉の意味を知ることになるからだ。含羞を知れば、なかなか出世することは難しい」（『マリリン・モンローはなぜ神話となったのか　マッカーシズムと1950年代アメリカ映画』言視舎）

ところで、問題なのは裸となってしまった王様が、一度座した**王座の快感が忘れられず、退職後も王のように振る舞ってしまう**ことだ。飾りの役職にしがみつき、用もないのに職場に顔を出したりする。これは、はっきりいって見苦しいとしかいいようがない。

だいたいにおいて、そうした人は、家庭内における妻や子に対しても同様の態度を取り、家族を使用人のように扱う。その結果、やがて家族からも疎んじられるようになる。また出世しなかった昔の同僚の前では横柄な態度で接す。一般にこのタイプは自分の話を一方的にまくし立てるため、やはり誰も耳を貸さなくなる。やがては、かつての友達も立ち去って、寂しい老後がやってくる。

こうなると、ついには人間不信に陥って引きこもりとなってしまうかもしれない。あるいは深刻なうつ状態に移行してしまう可能性もある。こうしたパターンを私は「**リア王症候群**」と名付けたい。

これと直接関係はないかもしれないが、近年、管理職の死亡率が急激に高まっているそうだ。2012年5月3日の「毎日新聞」で、大槻英二記者が次のように報告している（以下要約）。

「北里大の和田耕治講師（公衆衛生学）らが発表した論文によると、職種を（1）専門・技術職（2）管理職（3）その他の職種（事務、販売、労務職など）に分類し、それぞれの死亡率（10万人当たりの死亡者数）を分析したところ、2000年には管理職の死亡率が1995年の1・6倍、専門・技術職は1・4倍に跳ね上がり、その他の職種の平均を上回った。死因のうち増加が目立ったのは肺・大腸のがん、さらに自殺だった。欧米の先進国では、生活管理への意識が高い管理職や専門・技術職のほうが、生産現場などで働くブルーカラーより死亡率が低いというのが定説とされており、今回のデータから『日本特有の健康格差の逆転が起きている可能性がある』という和田さんはコメントしている」

こうなると、出世は賢い選択とはいえないことになってしまうかもしれない。たしかに団塊の世代までは、出世は人生の最良の目標であったろう。莫大な退職金をもらい、天下って快適な老後が約束されていたからである。老後は何の不安もなく、世界旅行で過ごすことも可能だったからである。

しかし今はそうではない。退職までに心身がボロボロになってしまい、その上退職してからも天下りできず、**リア王のような孤独な老後**が待っているとしたら、何のために出世したかわからなくなる。

だから我々は、リア王のようにならないために、老後に備えて権力やお金ではない別な貯蓄に励む必要があるだろう。その別な貯蓄については後でまた考えてみたい。

グレーゴル・ザムザ症候群

リア王症候群とは、偉くなった人たちが「裸の王様」となった後も、偉かった時代のことが忘れられずに陥るうつ症状である。

これに対し、**グレーゴル・ザムザ症候群というのは、偉くはないが、真面目に生きている人が、突然放心状態となってしまうケース**だ。今風の言葉で言えば「プッツン」ということになるが、

たいていの場合、不眠、震えなどを伴い、まともな社会生活が営めなくなる。**カフカ**の小説**『変身』**から連想してこのように命名した。

『変身』は、フランツ・カフカが、1912年に発表した小説である。ある朝目覚めると巨大な虫になっていた男とその家族の顛末を描く物語だ。

布地の販売を業とする主人公は、ある朝目覚めると自分が巨大な毒虫になっていることに気がつく。動揺しながらも、彼はもう少し眠ろうと考える。まだ出勤まで時間があるからだ。そうは思うが、思うように眠る姿勢が取れず、眠ることができない。仰向けのまま、グレーゴルは今の仕事に対する不満に思いを募らせる。出張が多く、顧客も年中変わり、その上朝も早かった。

「早起きという奴は人間を薄馬鹿にしてしまう。人間はたっぷり眠らなければならない」と、グレーゴルは考える。

しかし両親には商売の失敗で多額の借金があり、それを返すまでは仕事を辞めるわけにはいかない。結局グレーゴルは毒虫のままで家の中から動けず、家族を絶望のどん底に陥れ、最後は家族に見捨てられて死んでゆく。

本当のところ、この物語でカフカが何を伝えようとしたのかについてはよくわからない。私自身それを論評できる立場にもない。しかしこれを読んだ多くの者が、この小説に妙なリアリティを感じたに相違ない。なぜならグレーゴルのように、**ある朝突然仕事に行けなくなり、そのまま家の中に引きこもってしまう人間**はたくさんいるからだ。

当時カフカは労働障害保険局に勤務していた。おそらく彼が扱う事例の中に、そうした人が何人もいたのではなかろうか。そう考えると、この小説はリアリズム小説のように思えてくる。

通常、人は生きてゆくために、皆我慢して仕事に打ち込んでいる。嫌な仕事を続けられるのは、家族愛や希望があるからだ。

しかしそうした自分を支えるべきものが失われ、仕事のストレスが本人の耐性を越えてしまうと、ある日張り詰めていた糸がプツンと切れてしまうことになる。その結果、グレーゴルのように社会生活が営めない者が出てくる。

通常こうした状態に陥ると、慢性的な不眠となる。グレーゴルのモノローグ、「人間はたっぷり眠らなければならない」という一節は、まるでうつ症状の人間に医者が述べる言葉のように聞こえる。

既述したように、現代においてはこれに似た仕事にまつわるさまざまな形態のうつが溢れている。これが以前であれば、「**燃え尽き症候群**」というのがあった。

燃え尽き症候群とは、本来30歳代や40歳代のモーレッツサラリーマンが、突然仕事ができなくなる症例に対して使われた言葉である。仕事に献身的に従事した者がそれに見合う報酬を得られなかったり、仕事が失敗したりした時に起こる諸症状をさしている。特に失業やリストラなどの極度のストレスに襲われた際に発生する。日本では、大きな大会で成果を残せなかったスポーツ選手が、その後脱力感に襲われ練習しなくなる時によく使用される。成功した場合でも、目標喪失によって脱力感に襲われた場合もこの言葉を使用することがある。受験生が合格した後に陥る「五月病」や職場研修が終わった後の「六月病」もこの変種と見なされている。

もう一つ、この小説が**引きこもりの心理**をうまく表現している点も見逃せない。

そもそも引きこもりは対人恐怖症が重症化したものと捉えることができるが、我々は、日常的に他人の眼差しの刃に晒されて生きている。仕事で失敗すれば、上司に怒られ、同僚に軽蔑される。その恐怖から逃れるために引きこもりとなるのだ。それは自己防衛反応の一つである。しかしそのことがまた家族を失望させ、それによってますます自分を責めることになる。最後は、自分と家族の苦しみを解放するために自死に至るが、そのプロセスをこれほど上手く表現した小説はあまりないだろう。

特にゾッとするのは、主人公が死んで家族がホッとするくだりだ。それだけ引きこもりの重圧は家族にとって重いものである。

ここで考えなければならないのは、グレーゴル・ザムザ症候群に、退職前の多くのベルエポック世代が襲われる可能性が高いことだ。

人間50歳を過ぎると、出世できないで終わる人がはっきりとわかってくる。特にベルエポック世代の場合は、低成長時代を生きてきたため出世の確率も低い。大多数はリア王にはなれず、せいぜい中間管理職で終わるのが関の山だ。ところが今は、中間管理職が一番きつい。上と下に挟まれ、いわゆる「サンドイッチ状態」のストレスに襲われるからである。覆い被さる責任は重く、仕事に失敗すると、それまで積んだ積み木がおじゃんとなってしまうリスクも高まる。

「今まで必死に頑張ってきたがここまでだ」という悲鳴があちこちから聞こえてきそうだが、そんな時期にリストラにあったらもう終わりだ。ここに子供のトラブルが加わってくる。そうなると、もはや仕切り直しをするエネルギーは残されていないだろう。

しかもそうした人が退職を迎え、安い退職金を手にした時、それまでの疲労がどっと心身を襲うのではなかろうか。団塊の世代の場合はそれなりの退職金をもらったが、ベルエポック世代は退職金どころか年金の保証も覚束ないのである。

今までは仕事の加重による30代や40代のグレーゴル・ザムザが問題となっているが、今後はベルエポック世代のグレーゴル・ザムザが増えていきそうな気配だ。

ドン・キホーテ症候群

『ドン・キホーテ』というのはスペインの作家ミゲル・デ・セルバンテスの小説である。聖書に次いで、世界中で出版され、正真正銘のベストセラー、ロングセラー小説として知られている。笑いの中に、旧態然としたスペインに対する批判を盛り込んだ風刺小説であるが、主人公が風車に突進して気絶するシーンは、スペインがオランダに、そして中世が近代にとって代わられた瞬間を暗示するメタファーとする説もある。

また主人公の自意識を盛り込むなど、従来の物語とは異なる視点が導入されていることから、最初の近代小説ともいわれている。

小説の内容は、騎士道物語を読み過ぎて妄想に陥った郷士の主人公が、自らを伝説の騎士と思い込み、痩せこけた馬のロシナンテにまたがり、従者サンチョ・パンサを引きつれ遍歴の旅に出

かけるというものだ。

この主人公が妄想状態にあるというのが、うつであることを窺わせる。ドン・キホーテはかなり重篤なうつ状態にあった可能性が大だ。

うつに陥った人は、重篤な状態に移行する前に一人妄想状態でいることが多い。その理由は**現実逃避**である。**現実の苦しさから逃れるために妄想状態に陥る**のである。

その場合、妄想の対象が異性である場合が多い。誰かにちょっと優しい言葉をかけられると、たちまち相手が自分に気があるのではないかと思い込み、そこから相手と自分の恋物語を形成してゆく。その夢想に浸る間、脳内にドーパミンが流出しているからだ。妄想は快感そのものであり、どんどん妄想を膨らませてゆく。やがてはその妄想の実現に向かって動き出し、結果的に暴発、撃沈して重篤のうつに陥ることになる。まさに百姓女を貴婦人ドゥルシネーアと思い込むドン・キホーテそのものだ。

またドン・キホーテといえば、**「時代遅れ」の代名詞**としても借用される。新しい時代についてゆけない滑稽な人物の代表というイメージだ。ただしドン・キホーテは、滑稽ではあるが、どちらかといえば愛されているキャラクターであることも間違いない。人々は、いつも古い時代に哀惜を感じるからである。

日本においても、時折、思い出したように武士道ものがヒットするが、これは騎士道ものが流行するヨーロッパでも同様であろう。

そもそもいつの時代でも、一生に一回は世の中がひっくり返るものである。その時、新しい時代についてゆけない人間がかならず出てくる。したがって、ドン・キホーテ症候群というのは今に始まった病気ではない。

ベルエポック世代の親たちも、戦中から戦後の価値観の転倒で一苦労した。しかしこの時は、焦土からの出発、ゼロからのスタートであったために、ほとんどの人はドン・キホーテ症候群に陥ることはなかった。否応なしに、自分たちが新しい時代を作っていかねばならなかったからである。

この親たちを批判しながらも、やはり新しい時代を築いた団塊の世代も元気だった。自らが時代の創造者であり、年功序列、終身雇用制度に守られ、出世コースから外れても毎年給料が上がっていったからだ。それに世の中には、まだ**『三丁目の夕日』的世界**が残っていた。希望があり、未来も明るかった。

ところが風向きが変わるのは**80年代から**である。この辺りから、次第に**時代についていけない人間**が増加してゆく。なぜなら最初に述べたように、この時日本の文化や価値観が激変していったからだ。

80年代というのは、団塊の世代による全共闘文化に代わる文化が出現した時代であった。たしかにその文化を最初に創造したのはベルエポック世代だった。

この文化はフェミニズムを基調としており、どちらかといえば優しさを強調する文化だったことはすでに述べた。しかし時同じくしてアメリカから性革命が流入、男女の関係がやたら即物的なものに変化していった時代でもあった。

加えて、ベルエポック世代が生み出した80年代文化はすぐに新人類によって奪取されてしまったことも既述した。新人類によってバブルが形成され、金がすべてという風潮に変わってゆくが、この時代に青春を過ごして90年代に登場するのがホリエモンなのである。

そうなると、今度は**時代についてゆけないベルエポック世代が現われてくる**。そもそもベルエポック世代の基底には、少年期、青年期に触れた古い文化があったからだ。そうした人たちは金満欲望むき出しのバブル時代についていけず、社会から放り出されてゆく。この結果、ベルエポック世代は、早くもドン・キホーテ化していかざるを得ない状況が出現するのである。

例えば、『学生街の喫茶店』でブレークしたフォークグループ「ガロ」のシンガーである日高富明がマンションの4階から転落死した事件は、時代についていけない青年の苦悩を表わす象徴的な事件だった。河島英五の名曲『時代おくれ』が発表されたのは86年だ。またこの頃誕生した新興宗教団体は、そうした時代についていけない人々を吸収していったような気がする。

加えて、80年代から90年代にかけて、日進月歩の**技術革新についていけない**ベルエポック世代が激増するが、この時代はコンピューターゲームやデジタルパチンコ、ビデオなど、レジャーの分野でも従来考えられない製品が軒並み登場した。特にコンピューター産業の技術の変化はあまりに凄まじく、通常の人間の常識を超える世界だった。

そもそもパソコンが普及し始めたのは、ベルエポック世代が社会に出て働き始めた頃の話である。彼らはその時、新しいテクノロジーに目を輝かせ、それを必死に学んで自分のものにした。そこまではよかったが、**学んだ直後から自分の学んだことが使い物にならない**ということを退職まで繰り返してきた世代なのである。まるでゼノンのパラドックスのように、いくら走っても時代に追いつくことができないのが、彼らが取り扱った技術だった。

思い出していただきたい。ベーシックから始まってロータスと、何年もかけて学んだコンピューター言語やソフトが一瞬にして使い物にならなくなったことを。そして昨日まで人に教えていたのに、後からきた若造に追い抜かれて侮蔑の視線を浴びたことを。ベルエポック世代は、繰り返しそうした経験を積んできた世代なのである。

その結果、ある時プッツンして廃人となってしまう人も現われる。特に80年以降、円高によって企業のリストラは激しくなり、それまで高給取りだったエンジニアがいきなり失業という事態が頻発すると、そのまま社会に適応できないドロップアウト組が増えていった。つまり、**グレーゴル・ザムザ症候群を併発するドン・キホーテが激増**してゆくのだ。

今でも都会の公園を歩くと、長髪でジーンズ姿の浮浪者を時折見かけるが、彼らはある意味で、ベルエポック世代のドン・キホーテといえる人たちなのかもしれない。

もっとも、若者に金がなく、年寄りの数が多いという理由で、熟年世代をターゲットにしたマーケットが相変わらず存在し、とりあえず昔のままの自分を維持できている人も多い。最近は昔のロックやフォークソングの歌手達が再結成してコンサートを開くことも多く、元気印の中高年の姿があちこちで見られる。

カラオケでは、年寄りほど横文字の曲をリクエストする光景が見られるが、ビートルズが教科書に載るようになったのだから、それもご愛敬というところか。

浦島太郎症候群

リア王、グレーゴル・ザムザ、ドン・キホーテときて、いきなり浦島太郎と振れば、なにかどん引きという感じがするかもしれない。しかしいろいろ考えてみたが、やはり浦島太郎以上にぴったりくる人物は思い浮かばなかった。

浦島太郎の話は誰でも知っている。子供にいじめられている亀を助けたことをきっかけに、主人公が竜の住む海底の城に連れて行かれる物語だ。そこで主人公は美しい乙姫に歓待され、夢のような時間を過ごす。しばらく時間が経過して、浦島は自分の両親を思い出し、浜に帰ることを決断する。すると乙姫は哀しそうな顔で、「決して開けてはなりません」と太郎に玉手箱を渡すのだ。

こうして浜に帰ってくると、そこは自分の知らない別世界に変じている。知っている人が誰もいないのだ。困惑した太郎は、そこで玉手箱を開ける。すると中から煙が出てきて、太郎はたちまち老人となってしまう。太郎が竜宮城で過ごしている間、地上では気が遠くなる月日が経っていた。

今さらながら不思議な物語だと思わずにはおれない。もっともこれに似た話はアメリカにもあ

り、ワシントン・アーヴィングの著作『**スケッチ・ブック**』の中に登場するリップ・ヴァン・ウィンクルという話が西洋浦島として知られている。ちなみにアメリカでは、リップ・ヴァン・ウィンクルをドン・キホーテと同じ意味で使用するそうだ。つまり本来は「時代遅れの人」という意味なのである。

日本の浦島伝説のほうは日本各地に存在し、これは遡れば日本書紀に辿りつくとされている。しかしもっと古い時代の中国にも似た伝説があるそうで、神話学者や心理学者によってこの伝説はさまざまに解釈されている。

それによると、水底の竜は母親の象徴だそうだ。西洋の伝説では、竜を殺して囚われの姫を救出するという筋書きの話になるらしい。つまり、母親の影響を廃して男子は独立するということを伝えるメタファーとなっているというのだ。これに対して日本版は、その竜の住処で姫と暮らしてしまうが、これは、男性が母親の影響を断ち切ることなく成人してしまう日本的なあり方を示していると解釈する人もいる。もっともこの説は、何か牽強付会という感じがしないわけでもない。

また竜宮城の時間と、地上の時間がずれていることは、アインシュタインの相対性理論の説明ともなっており、物理学ではこの出来事を「ウラシマ効果」というらしい。さらに最近は、浦島太郎が宇宙人に拉致された実話がこの伝説の元となっていると解釈する者もいるようだ。拉致といえば、どこかの国が現実にやったことであり、かつても拉致によって人がいなくなるということがあったかもしれない。一般には、長い間離れていたところに戻ってきた時、「浦島太郎状態だ」などと慣用されたりする。

しかし私には、この物語にはもっと別な意味が込められているような気がしてならない。私がこの物語でもっとも注目する点は、**老人になった浦島太郎が、放心の体で海を眺めるというエンディング**だ。実際私が子供の頃読んだ絵本は、たしかに海を眺める浦島太郎の挿絵で終わっていた。おそらく浦島は、それから死ぬまで海を眺めながら過ごしたに違いない。

浦島太郎は、竜宮城で夢のような生活を送る。竜宮城は夢であり、浜は現実なのだ。玉手箱というのは、その夢のような生活の記憶をさしている。なぜ乙姫はその箱を開けてはならないといったのか。それは箱を開けた瞬間に現実に戻れなくなってしまうからである。玉手箱に封印された夢の記憶を浴びると、人間はもはや新しい人生を歩むことはできなくなるのだ。ただ夢の記憶の滓を食べていくしかない。この場合、竜宮城の生活は、太郎が現実に経験したことかもしれないし、あるいはただの想念の世界の事柄かもしれない。いずれにせよ、それは浜の日常と別世界の事柄なのである。

このように、若い頃にあまり濃密で楽しい経験を積んだり、夢を追いかけたりすると、後の人生が燃えかすと化してしまうことがある。

実はうつでも浦島と同じ状態が現出する。例えば失恋してうつに陥った場合だ。読者もそうだと思うが、私も浦島シンドロームに陥った人を見たことがある。私が見たのは、外国の大金持ちの娘と恋愛し、失恋した青年だった。彼はその娘のことが忘れられず、完全な浦島状態だった。**そこから解放される道はただ一つしかない。忘却することである。**忘却といえば記憶喪失を思い出すが、記憶喪失という病気は物語だけでなく本当にあるようだ。この場合、深刻なトラウマが発生して、そのショックから抜け出すために頭が防衛反応を起こして記憶を自動的に抹消してしまうのだろう。

同じように、失恋でうつ状態に陥った者は、相手の記憶を抹消しない限りそこから脱出できない。ところが浦島太郎は箱を開けてしまったために、永久に記憶に浸って生きることになったのである。まさにこれは「想い出妄想」と呼べる状態である。これでは現実の世界に回帰することはできない。

だいたいにおいて、過去の記憶というのは、多くの人間にとって蜜の味である。愛されていた子供時代、故郷の美しい景色、そして甘いファーストキスと、現在が無であればあるほど過去が愛おしくなるものだ。

古来、文学作品や映画は、こうした**過去の記憶にすがって新たな人生を歩むことのできない人間**や、**過去と現在の乖離の非情さ**をテーマとして描いてきた。

例えば、かつてフランスに、ジュリアン・デュビビエという映画監督がいたが、この人の名作に『**舞踏会の手帖**』という作品がある。

これは未亡人となった美しい女性が、16歳の時初めて出た舞踏会で踊った相手を訪ね回るというストーリーの映画だ。再会してみると、かつて自分に恋していた男性は自分の結婚を知って自殺し、その母親も狂っていた。また文学青年だった男は泥棒に身を落としている。医者になった男は、今や堕胎で稼ぐ悪徳医師と化している。

こうして出会った男の現在のすべてに幻滅し、最後に自分が恋した男の家を訪ねると、なんと彼は訪ねる直前に世を去ったばかりだった。あの華やかな舞踏会は一体何だったのか。

人生の非情さ、哀しさをあれほど寓意的に描いた映画はそうあるものではない。

同じデュビビエの作品に『**旅路の果て**』という映画があるが、この映画も、かつて華やかな生活を送った俳優専門の養老院を舞台としている。養老院の中で、かつてスポットライトを浴びた俳優達が、昔を忘れることができず繰り広げる哀しいドラマである。

こうした作品として日本で思い浮かぶのは、溝口健二が監督した**『雨月物語』**の中の一挿話「浅茅が宿」だ。

これは戦から帰ってきた男が、家に帰って妻と一夜を過ごすと、朝になって、そこがただの野原であることに気づく物語。家は戦乱で燃えて跡形もなく消え、夢の中で妻と出会ったのである。なお**『オールウェイズ　三丁目の夕日』**（監督　山崎貴）の中でも、これと同じ挿話が盛り込まれている。

これをベルエポック世代の議論に置き換えると、まずこの世代の人生は、子供の時から夢を見続けた世代だった。なにしろ物心ついた時に高度成長が始まったのである。鉄腕アトムから始まって、ひょっこりひょうたん島を見て育ち、東京オリンピックと大阪の万国博覧会を経験した。日本がもっとも元気な時代に少年時代と青春時代を過ごしたのがこの世代なのである。その帰結として、夢のような老年時代がやってくるのだろうと錯覚して人生を歩んできたのだ。

ところが、最後の最後になって、彼らの人生の終末は悲惨な状況を呈するようになった。彼らを待ち受けている老後は、すでに記した三重苦に覆われていたのだ。

その夢と結果の落差のために、放心状態となって、**昔の良い時代を回顧するばかりで現実に対処できない老人**が増えていきそうな気配なのである。

したがって、ベルエポック世代は、自分が浦島太郎にならないために、**最後までチャレンジ精神をもって老年を過ごす必要**がある。

これからの長い老後、そうならないために何をなすべきかについては、最後の章で考えてみたい。

ジャンヌ症候群

いままで挙げたいくつかの事例は、主に男性が陥りやすい症候群である。これからは**女性が陥りやすい症例**を見てゆこう。

そこで初めに取り上げたいのは、19世紀フランスの自然主義小説家モーパッサンの『**女の一生**』の主人公である。その名前をジャンヌという。小説の内容は以下のようなものだ。

修道院を出たばかりの娘ジャンヌは、子爵ジュリヤンとロマンチックな恋に落ちて結婚する。しかし、結婚後、夫の態度は豹変し、女中と密通するなど、結婚生活は幻滅に変わる。息子ポールが生まれた後も、ジュリヤンの不誠実は変わらず、伯爵夫人と密通して、ついには伯爵に殺さ

れてしまう。

　こうして夫の死後、息子のポールだけがジャンヌの生き甲斐となるが……。

　この小説を読んでいなくとも、この後の筋はだいたいの予想がつくだろう。溺愛した息子はやがてパリに出て、放蕩に染まり、夫と似たようなことを繰り返し、ジャンヌを絶望の淵へ追い込む。そして家は破産状態となって、哀しい老後が訪れる。まさに自然主義文学を代表する傑作といえる。

　フランス文学研究家の朝倉秀吾さんは、自らのブログ（ｓｙｕｇｏ．ｃｏｍ）で、この作品を次のように評している。

「ゾラの『居酒屋』などと比べると、描写の迫力や結末の陰惨さといった点では、かなり和らいだ印象を与える。これには、本作が、主人公と舞台とを貴族階級の世界に置いていることに一因があるだろう。ジャンヌは結末においても女中とともにつつましく暮らすことはでき、子も孫もいて、それなりの財産も持っている。彼女の人生は不幸であるとはいえ、その境遇は、『居酒屋』のジェルヴェーズがたどった破滅には比ぶべくもない。

しかしだからといって、本作がナチュラリスムの小説として力が弱いと考えるのは、誤りであろう。本作の結末が残酷であるのは、主人公の客観的な生活水準の低さによるよりも、現実とかつて抱いていたロマンチックな理想との落差の激しさによるのであり、またその落差がこの先もじわじわと広がっていくであろうことを予感させる結末によるのである。ゾラが好んで描いたような激しい貧困と堕落の代わりに、モーパッサンの作品には、真綿で首を絞めるようなゆるやかで憂うつな不幸がある。このような種類の不幸が、あからさまな貧困よりも生温いと断言することはできない。崩壊から再生へ、といった展望を描きにくいだけに、むしろそれはいっそう希望のない、陰惨な不幸であるかもしれないのである」

思わず頷いてしまう見事な評である。

そして朝倉さんが言う「真綿で首を絞めるようなゆるやかで憂うつな不幸」はベルエポック世代の女性が囚われている不幸であるともいえる。

現代日本においても、このジャンヌのような女性がいかに多いことか。

夫に幻滅し、子供だけが生き甲斐となりながら、その子供にも裏切られ、夢と現実の乖離によってうつに悩まされている女性が数え切れないほどいる。

ゾラの『居酒屋』の主人公はジェルヴェーズというが、ベルエポック世代では、貧困に起因する、いわゆるジェルヴェーズ的悲劇よりも、ジャンヌ的な悲劇に見舞われている中産階級の女性が多い。かつての貧しかった日本にはたくさんのジェルヴェーズがいたが、今はそれほどでもない。それなりに生活保護制度が確立されたからである。だからジェルヴェーズよりもジャンヌのほうが問題となるのだ（ただし、今後は生活保護給付世帯の増加に伴う給付金の減額や支給基準の見直し、無業の若者の増加によって、たくさんのジェルヴェーズが誕生するかもしれない。実際すでにその徴候は現われており、２０１３年10月６日の報道番組「バンキシャ！」でも、離婚して子供を抱えた病気の主婦の惨状を取り上げていた）。

そして朝倉さんがいみじくも喝破しているように、「抱いていたロマンチックな理想との落差」の激しさによってうつになる女性が増えている。この乖離は、夫に対する幻滅によってではなく、**期待した子供に裏切られた**ことに起因する場合が多い。

ベルエポック世代の専業主婦は、マンション暮らしの核家族が多かった。夫は残業と長い通勤時間でいつも家におらず、舅がいるわけでもない。人間関係といえば、公園デビューで知り合った近所の奥様連である。その仲間の話題といえば子供のことばかりだ。そしてＰＴＡを通じ、その人間関係は続いてゆく。その結果、いやがうえにも教育ママとなっていった。子供を塾や稽古事に通わせ、無理な教育投資に打ち込むことが生き甲斐となっていったのである。

その子供たちが、皆官僚や医者になれば文句はないだろうが、所詮はパイの食い合いで大多数は偉くなれないで終わる。中にはプレッシャーのあまり逆噴射してしまう子もいるだろう。熱心に教育しただけに、期待はずれの結果の惨めさに生きる気力が失せてしまう女性が多い。その結果、うつになる女性が増えるのだが、この症状を、私は**ジャンヌ症候群**と名付けたい。

もっとも最初から出来の悪い子供を持った親の場合、決してジャンヌ症候群に陥ることはない。その場合、母は純粋に母性愛という本能に基づいて子供を育てるからだ。

むしろ**深刻なのは、初めは良い子で、後から駄目になるケース**だ。親の期待が大きいだけ、子供も期待に応えられず落ち込むからである。中には自殺してしまう子もいる。マザコンの子供ほど、期待に応えられない落胆は大きいからである。

逆に子供が優秀なまま成長した場合も母親は最後に裏切られることになる。そもそも優秀な子供というのは、あまり親には関心がないものだ。彼らに親の犠牲になるという発想はない。自分を生かすことが第一だからである。

その結果、世の教育ママたちは、金をかけて育てた最愛の息子や娘が戻ってこなくなるという現実に直面する。それも鉄砲玉のように消え去って、盆や正月も帰ってこないというケースが増えている。

ひどい場合、これは出来の善し悪しにかかわらず起こることだが、変な女や男に掠われてしまうケースがある。まるでそれは神隠しのようなものだろう。

実際現代にも現実に神隠しが存在する。

これにはさまざまなケースが考えられるが、中には政治団体、宗教団体、非合法集団などによって子供を掠われてしまうことがある。場合によっては、渋谷あたりでスカウトマンに声をかけられ、ある日AV女優としてデビューということもあるかもしれない。実際にその数は数万人単位で存在すると思ったほうがよい。

こうして子供が自分のもとを去った時、親は**自分のアイデンティティを喪失**してしまう。後は抜け殻の人生である。本来は、子育てというのは無償の行為であるはずだが、頭でわかっていてもなかなか納得できるものではない。そんな母親が、今激増しているといえよう。

ノラ症候群

『人形の家』といえば、なかにし礼が作詞して弘田三枝子がヒットさせた歌謡曲だ。最近では徳永英明がリリースしている。歌詞の内容は、身を捧げた男に捨てられる女の心情を歌ったものだが、それにしても初めてこの歌の題名を聞いたときには驚いた。歌の題名が、デンマークの劇作家ヘンリック・イプセンの有名な戯曲の題名と同じだったからである。

そういえば、一頃、『異邦人』だとか、『雪国』だとか、『勝手にしやがれ』だとか、著名な文学作品や映画の題名がそのまま歌謡曲の題名として使われることが流行したことがあった。だがほとんどが題名だけを借りているのであって、詩の内容と原作の世界は何の関係もないものが多いようだ。

『人形の家』の場合、イプセンの原作では、自分を一つの人格としてではなく、愛玩物のようにしか扱わない弁護士の夫に絶望する女性を描いている。結局女性は空虚な結婚生活に見切りをつけて家出してゆくのだが、これはイプセンの社会劇の代表作であり、女性解放運動の勃興とともに語られる作品だ。日本においては、松井須磨子が大正時代にこれを演じて以来、主人公ノラは封建制を打破する女性のシンボルとなった。

ところでベルエポック世代が中学生の頃は、いわゆるカウンターカルチャーの渦にあって、彼らは学生運動やベトナム戦争などの反体制運動の洗礼を受けた。この運動では、男女の平等は鉄則で、重信房子のようなカリスマ的女闘志も現われた。これにアメリカからウーマン・リブの波が押し寄せてくる。そうしたことが重なって、この世代は、女性は家庭に閉じこもるべきではなく、社会に進出しなければならないという思想を当たり前のこととして受け容れてきた。つまり何度も繰り返すが、この世代は、子供の頃から**男女平等の思想を叩き込まれて成長した世代**だったのである。したがって、ベルエポック世代の多くの女性は、最初からノラであることを宿命づけられていたと言える。

しかし１９６９年の東大闘争が頓挫し、続いて70年安保闘争が不調に終わると、追い込まれた過激派が暴力行為にはしり、あさま山荘事件や内ゲバなどが起こって学生運動離れが進んでゆく。その結果、１９７０年代半ばまでに、ほとんどの若者は政治活動から離れていくが、それと平行してウーマン・リブの運動も終わりを迎える。

ベルエポック世代は、ちょうど学生運動が破産状態に陥った頃に大学生になり、社会に出る頃にはカウンターカルチャーは影を潜め、ニューファミリー文化が出現してくる。ここからは、いわゆる草食系の優しい男が理想となっていき、ベルエポック世代の父親によく見られた頑固親父がこの世から消えていった。

やがて80年代に突入すると、闘う女性はいなくなったものの、男女平等の思想はそのまま社会に浸透し、キャリアウーマンが増加して家事育児は夫婦でするということが当たり前のこととして受け容れられるようになる。

その流れの中で、1985年には男女雇用機会均等法が改正され、職場における男女差別はかなり改善されるのだ。しかし、まだまだ足りないということで、1997年の全面改正を経て、2007年に再改正された。

これにより、妊娠や出産などを理由とする退職強要や職種・配置転換などの不利益な扱いの禁止、表面上差別に見えない慣行や基準の禁止、一方の性に不利益となる「間接差別」の禁止が法律に盛り込まれることになった。さらに女性だけなく、男性へのセクハラ防止対策を企業へ義務づけることが決まった。

つまりベルエポック世代が生きた時代というのは、日本の長い歴史の中でも革命的な**女性解放を実現した時代**であったわけだ。そしてそれを推進したのは彼ら自身なのである。

ところが、それでめでたしめでたしかというとそうではない。同様に、それまで企業に存在した女性に優しい慣習も廃止され、**女性の労働環境はむしろ厳しくなっていった**。女性労働者も、男並みに働く正社員と、臨時パートとはっきり二極分化することになった。実際には仕事がハードで結婚できない女性が増加し、それ以外のほとんどが臨時パートの不安定な身分に落ちていった。

さて、ここで再びノラに話を戻そう。

実はイプセンは、『人形の家』で女性の解放を描きたかったのではないという話を聞いたことがある。なぜなら彼は、決して女性解放を唱える社会活動家だったわけではなく、徹頭徹尾この世の実相を描くリアリストであったからだ。もし彼が続編を書けば、家を飛び出したノラは、やがて淪落の女となって身を持ち崩し、最後は孤独のうちに死んでいく台本となっただろう。実際そうした芝居が、イプセン以降たくさん作られている。

先にも記したように、ベルエポック世代の離婚率は急カーブで上昇しているが、年金分割制度が施行された2007年に男女雇用機会均等法が再改正され、それ以来急カーブを描いている。

年金分割制度が退職後の熟年夫婦の離婚を増加させた原因の一つになっていることは既述したが、**男女雇用機会均等法も離婚を増加させる理由となっている**ことは間違いない。これにより、女性が外で働くのは当たり前のこととなり、女性が専業主婦として家庭に閉じこもるという文化が消滅してしまったからである。働いて金を稼げる女にとって、もはや頼りにならない男はいらないだろう。

ところが離婚した女性に対して、社会全体が好意的だったかいうとかならずしもそうではない。男のほうは若い女と再婚できたが、女のほうは、再婚もできず、場合によっては子育てしながら期待していた慰謝料や養育費も払われないケースが続出したのである。つまりは泣き寝入りで終わったケースがたくさんあるのだ。その後別れた女たちは、低賃金のパート労働に従事し、塗炭の苦しみを嘗めて現在に至っている。

いわゆる老齢人口のうつ病患者数が女性のほうが多いことには、いろいろな理由が考えられるが、この中には離婚して単独世帯となった貧しい女性がかなり含まれるであろうことは想像に難くない。つまり**ノラは、決して幸せにはなれずに終わった**ということだ。

ところで、今は離婚どころか、結婚できない若者が激増していることが問題であると第1章で書いた。そしてそれに応じて、**若い女性の貧困化**が問題となっている。

三浦展さんは、『下流社会』（前出）の中で、働く女性を、男より稼ぐミリオネーゼ系、普通のかまやつ系、やや下流のギャル系に分類しているが、この中で一番多いのが下流であるギャル系女子だそうだ。ギャル系といえば聞こえはいいが、中には住む家もなく、ネットカフェで売春をしながら暮らしているギャル系女子がいるようだ。

これが、実は準備もなく社会に飛び出してしまった21世紀のノラの現実だったのである。しかしこれでは、**『レ・ミゼラブル』の時代に逆戻り**ではないか。なんのための男女雇用機会均等法かわからなくなる。

この現実には、女性は保護されるべきとするフェミニズム思想の片鱗もないと断言できる。

ヘッダ・ガーブラー症候群

イプセンは『人形の家』で有名だが、イプセンのもう一つの名作に『ヘッダ・ガーブラー』という作品がある。この芝居の主人公ヘッダも、実に興味深い女性だ。

高名な将軍の娘ヘッダは、類いまれなる美貌を持ち、プライドの高い女性である。彼女は数多くの求婚を断って、文化史研究者テスマンと結婚する。しかしこれは体裁だけの妥協の産物としての結婚であった。テスマンは、生活の保障はあるが、俗物で退屈極まりない男だった。彼女はそんな夫に不満を感じている。その不満を誤魔化すために、有閑マダムとしての生活を求める。実は彼女には意識から消しているが忘却できない男がいた。彼女が本当に心動いたのは、エイレルト・レーヴボルクという才能のある男性だった。しかし彼は、才気に溢れているものの、酒に溺れやすく、出世は望めぬ男だった。一度求愛されたが、ヘッダには踏み出す勇気がなく、彼を退けてしまう。その結果、レーヴボルクはヘッダの前から消え去るが、そのレーヴボルクが再びヘッダの前に現われる。それも彼女が蔑む古い女友達エルヴェステッド夫人とともに。

レーヴボルクはエルヴェステッド夫人の助けで優れた論文を書きあげ、ヘッダのもとに現われる。その論文が「ふたりの子どものようなものだ」というエルヴェステッド夫人。その言葉を聞いて、ヘッダは耐え難い嫉妬の炎を燃やす。

わたくしは
こんな男と結婚するはずじゃ
なかったのに・・・
馬
ぷ〜
四季報

そのやり場のない憤りから、誰もいなくなった瞬間、ヘッダは思わずその論文を暖炉の火で燃やしてしまう。しかも彼女は、論文を喪失して絶望したレーヴボルクに、今度はピストルを渡して自殺をすすめる。結局レーヴボルクとヘッダは……。

もちろんここに書いたのは本当の粗筋であって、芝居の中にはさまざまな伏線が準備されている。しかしこの文学作品について論ずるのが本論の主旨ではないので、細部は省略させていただく。

この芝居を翻訳して、演出上演した福田恆存によれば、この芝居が書かれた当初、ヘッダの役はマクベス夫人ばりの悪女として演じられるのが普通だったという。しかし福田は自らの翻訳本（『ヘッダ・ガーブラー』中央公論社）の中で、ヘッダを次のように分析している。

「ヘッダはマクベス夫人ではなく、女ハムレットなのである（中略）。意識家ヘッダにとって何より我慢がならないのは自己欺瞞であり、世間、あるいは自分との馴れ合いである。それ故にテスマンが許せないのだが、それにもかかわらず、ノラのように家出、離婚を考えないのは、やはりスキャンダルを怖れていたからである。たとえテスマンの子を懐胎していなくても、ヘッダは離婚しなかったであろう。その前にヘッダにとって許せない事がある。それは栗毛の馬やお仕着せの下男を当てにして、愛してもいないテスマンと結婚した自分の虚栄心である。プティ・ブルジョワ、俗物として世間と馴れ合っているテスマンの虚栄心を斬った刀はそのまま自分の頭上に降り掛かってくる。その苦々しさに、ヘッダは辛うじて堪えていたのだ」

「一生に一度でいい、一人の男の運命を動かす力を持ちたいの」というのはヘッダの台詞であるが、彼女はそれができずに終わる。その結果、悲劇が生まれるが、福田はその悲劇の本質を次のような言葉で語っている。

「ヘッダが求めたものは幸福でも平安でもなかった。それは自由であり、意志である。この無償の自由、不毛の意志こそがヘッダを熾烈な滅びへの道と駆り立てたのだ」

私がここで問題としたいのは、この話ほど悲劇的な結末には至らなくても、ヘッダと似た気分に陥って暮らしている女性が、ベルエポック世代にもかなりいるように思われることだ。つまり**プライドばかりが高く、自分では何もできない無力感に囚われている女性**たちである。

考えてみると、ヘッダというのは、ノラと表裏一体にある女性に思えてくる。ノラは決してプライドは高くない。普通の女性だったのが自分は何かできると錯覚して家を飛び出してしまうケースだ。これに対してヘッダは、プライドも高く、能力もあるが、家から飛び出すことができずに無力感に陥っている女性なのである。共通しているのは、どちらも夫に愛を感ぜず、人形のように生きている自分を呪っているという点だ。

ヘッダの心の中には、レーヴボルクに相応しい女は自分だという思いがある。しかし彼は、魅力はあるが、同時に危険な男でもあった。ヘッダはその危険な男の滝つぼに飛び込む勇気もなかったし、その男に身を捧げて仕事をさせる健気さもなかったのである。

そして自分がもっとも蔑む男と人生を終えようとしているのだ。彼女はその現実に耐え難い苦痛を感じている。

ベルエポック世代においては、女性の高学歴化が進んだ。その中のかなりの女性が、親の承諾が得られそうな無難な結婚で家庭生活を送っている。しかしそうした女性の心の中には、やりきれない不満がくすぶっている。本当は、自分はキャリアウーマンとして活躍できたのではないか。本当は、もっと優れた男と一緒になれたのではないか。本当は燃えるような恋に殉じたかったと。

それが無難な結婚を選択したために味気ない人生を終えることになりそうなのである。

彼女たちの心の中には、自分は退屈な配偶者に甘んじている女ではないという思いがくすぶっている。それでも教育ママとなって子供に人生を捧げているうちはいいが、子育てが終了、もしくは失敗に終わると、今度は言いしれぬ無力感に襲われてくる。ましてや自分が見下していた女性が、自分ができなかったことを成し遂げたとなると、自分の人生が呪わしく思えて仕方なくなるのだ。

こうして自分の人生をすべて否定的に捉え、虚無的な感情に陥って、ひいては家庭生活そのものを破壊にいたらしめる女性の行動を、私はヘッダ＝ガーブラー症候群と名付けたい。

見回せば、ベルエポック世代の中にはたくさんのヘッダが潜んでいないだろうか。

舌切り雀婆さん症候群

この章の最後は**民話『舌切り雀』の悪い婆さん**を取り上げることにする。

最初に男性のモデルを4人取り上げたので、バランスから言って、女性のほうも4人取り上げて終わればすっきりすると思ったからだ。そう思って考えてみたが、4人目のモデルがなかなか思い浮かばなかった。

苦し紛れにパーティ病の女性たちを指してポンパドゥール夫人症候群などと名付けてみたが、

そんなのは病気のうちに入らないだろうと言われる始末……。
　そんな感じで思い巡らしてみると、次に浮かんできたのがマノン・レスコーとカルメンだった。実際、文学作品に繰り返し現われるヒロインの典型は、実は男の心を虜にして破滅させる妖婦（魔性の女）なのである。昔の映画を見ると、カルメン型のヒロインが際限なく登場する。しかしカルメンは、これから初老を迎えるベルエポック世代の女性の話の材料とはならない。年齢的に若過ぎるからである。
　さらに頭をひねらせてみたら、ふと浮かんできたのが、古い日本の民話に登場する『舌切り雀』の婆さんの姿だった。これについては、先ほど男のモデルの最後として、日本の民話から浦島太郎を取り上げたので、女性版の最後として、日本の民話のキャラクターを取り上げてみるというのも悪くないだろう。

さて、『舌切り雀』の婆さんだが、この婆さんはお爺さんに助けられてかわいがられていた雀が障子の張り替えに使おうとしていた糊を食べたので、雀の舌を切ってしまう、なんとも怖い婆さんだ。

子供の頃に初めてこの話を聞いた時、さすがにショックを受けて、そんな婆さんはいるはずがないと思ったのを思い出す。ところがその後も、民話の中で、たびたび怖い婆さんに出会うことになった。もちろん日本の民話には、明るく優しい婆さんも登場するが、結構な数で、怖い婆さんが登場するのだ。それはなぜなのだろう……。

もっともこれは日本だけの話ではなく、例えばグリムの童話にもたくさんの恐ろしい老女が登場する。『白雪姫』の魔女などはその典型だが、もしかすると、世界中の民話の中には、怖い婆さんが溢れているのかもしれない。

例えば悪代官というキャラクターが存在するが、これは権力を笠に弱い者いじめを繰り返す悪い男である。しかし意地悪爺さんというキャラクターはなかなか思い浮かばない（現実には結構な数で存在するが）。これに対して、『舌切り雀』を筆頭に、民話に登場する意地悪婆さんは、自分も弱者で、その弱者が弱者をいじめる構造になっている。

では、そもそも『舌切り雀』に登場する老婆の特徴というのはどんなものなのだろうか。

第一に**化粧をしておらず**、**髪は伸び放題**となっている。第二に**貪欲**に囚われている。そして最後が**意地悪**である。

第一の髪が伸び放題についていえば、さっそく芥川龍之介の『**羅生門**』の鬼婆を想起してしまうが、昔から鬼爺という言葉はないのに、鬼婆という言葉は一般的に使われてきた。なぜか昔から、女は年老いると鬼になってしまうようなのだ。

ここで思い出すのは般若の面だ。そもそも「般若」というのは仏教用語で「智慧」のことをさしているが、般若の面といえば能面の中の鬼女の面をさしている。そもそもそれは「嫉妬や恨みに囚われた女の顔」なのである。

一説には般若坊という僧侶が作ったところからその名がついたとされているが、『**源氏物語**』の葵の上が六条御息所の嫉妬に悩まされ、その生怨霊にとりつかれた時、般若経を読んで怨霊を退治したことから、嫉妬に狂う女の面を般若と呼ぶようになったとする説もある。

いずれにせよ、女は生きる苦しみを内に留めることで心が歪み、最後は額に角が生えてしまう悲しい生きものなのだ。

これが男であれば、怒りを外に発散させることができるが、女は悲しみや怒りを飲み込むことしかできない。長い間、日本の女は悲しみを飲み込んで生きてきた。だから悲しみが体内に堆積して、最後に角が生えてくるのだ。

凄愴の呻きこごりて、額破り、突き出でしかば角生ふと言う（福井　緑）

二番目の貪欲についてだが、昔から「死に欲」という言葉があって、死ぬ時期が近づくに従ってますます人間の欲は深まるといわれている。おそらくこれは死に近づく反作用としての「**生への執着**」によって起こる現象だろう。生への執着が物に対する執着に向かうのかもしれない。逆にこれが満たされないと、その反動で、精神分析でいうところの「死への欲求（デストルドー）」に陥ることがあるといわれている。大切な物を失うことで簡単に死んでしまうケースがそれだ。『舌切り雀』の婆さんは、そうしたあからさまな老人の性（さが）を体現したキャラクターであるといえる。この煩悩から脱却するために釈迦の教えが存在し、それゆえに、年老いた人は宗教に救いを求めるようになるのだろう。

最後に『舌切り雀』の老婆の三番目の特質である意地悪についてだが、実際この世には、まるで絵に描いたような「意地悪婆さん」がいるものだ。

「意地悪婆さん」といえば、多くの方が国民的マンガ『サザエさん』の原作者である長谷川町子さんによる『**いじわるばあさん**』を思い出すと思うが、これは元東京都知事の故・青島幸雄さん主演でドラマ化され大ヒットし、今は市原悦子さん主演でテレビドラマ化されている。これについて、「Ｒｏｃｋｅｔ　Ｎｅｗｓ24」というブログでは次のようなことが書かれていた（要約）。

《いじわるばあさんの真の面白さは、原作の四コママンガにあるブラックな部分にある。原作のいじわるばあさんは、ドラマのいじわるばあさんからは信じられないような、逮捕されてもおかしくない行為をしている。

マンガのいじわるばあさんが行なった極悪行為

・車で事故を起こした運転手に酒を飲ませ、飲酒運転に仕立て上げる。

・溺れている人を見殺しにする

・18歳以下の少年を連れてアダルト映画館へ行く……。

その他うな重をイタズラ注文するのも、よその家の飼い犬にコショウをかけるのも立派な犯罪行為である。長谷川町子さんは、『サザエさん』などヒューマニズムの作風に飽きを感じ、『サザエさん』で抜けきっていた毒素を『いじわるばあさん』に盛り込んだのではないか。》

つまり、あの長谷川町子さんですら、老婆の本音の部分に「ブラック」な要素を見いだしていたというのだ。自分の心を顧みないで放置しておくと、これから年老いてゆく女性は、**誰でも『舌切り雀』の老婆になってしまう可能性がある**ということだろう。そうならないためには、自分がそうなっていないか常に自問し、そうならないよう自分を律してゆく必要がある。

そうしないと、ある時気がついたら自分の額に角が生えているということになりかねないのだ。くわばら、くわばら……。

最終章

最後まで走り続けるために

まず認識することから始めよう

第1章から第3章までは、ベルエポック世代を襲う外からの危機、第4章では彼らが陥る内なる危機について記した。その次にくるのは、しからばその危機にどのように対処するかという話になろう。

そこでまず言いたいこと、それは、ベルエポック世代のすべての人が、**いま押し寄せてくる洪水をはっきりと認識する必要があるということだ。**自分の身に降りかかろうとしている災厄をしっかり頭に叩き込む必要がある。そしてその危機に対処するために、それぞれが、これからどうするかじっくり思案する必要がある。

タイミングを逸してしまうと悲惨な老後が待っている。2013年の流行語大賞ではないが考えるのは今だ。その際、かつて自分が抱いていた老後のイメージを払拭する必要がある。私自身がその世代であるから、ここで我々という言葉を使用させていただくが、もはや我々には安穏とした老後は約束されていない。子供が真に独立できるまで子供を援助し続けねばならないし、親が大往生を遂げるまで親を介護し続けなければならない。そして自分が生きてゆくために、これからも真剣勝負で闘ってゆかねばならないのだ。楽しい老後を送ろうなど考えないほうがいい。

ベルエポック世代は、あまりに夢を見続け、幻想の中で生きてきた。人類は戦争の惨禍を乗り越え、未来永劫発展の道を歩み続けるという幻想である。しかし日本を取り巻く国際情勢も日ごと不安定化している。まもなく平和憲法も改正になるかもしれない。いつの日か、我々の子供が戦争に赴く日がやってくるかもしれないのだ。

そんな現実の前で、我々は悄然と立ちすくんでいる。日本の未来はバラ色ではなく、灰色であることを知って。

しかし、だからといってただ拱手傍観しているわけにはいかないだろう。ましてや人生が80年となれば、退職してから20年は生き続けなければならない。その20年を、今までの人生の付録としてではなく、**意味のあるものにしなければならない**。

しからば何をなすべきなのか。

闘いを継続してゆくためには、まずは**健康に留意**しなければならない。しかし健康に留意するといっても、ただ健康のために生きろといっているのではない。

昨今は健康美容ブームで新聞のチラシは健康美容製品で埋め尽くされている。テレビをつけると減量番組ばかりが放送されているが、そうしたものを追いかけるのは愚の骨頂だ。なぜなら食べる量を減らせば誰でも減量できるからである。そして栄養に気をつけて、散歩、体操などを心掛ければ十分に健康に保つことができる。

もちろん健康維持のために、高い薬を常用し、ジムに通って体を鍛える必要はない。美魔女を目指して高い金を払い、エステに通う必要もない。郷ひろみと由美かおるは我々の世代のスーパーヒーロー、スーパーヒロインだが、一般人が彼らの真似をしても始まらない。そうではなく、単に普通の生活を営めといいたいのだ。最近は私も体重を減らすため軽い運動を始めた。長生きするためというより、倒れるまで働き続けるためである。病院通いが人生そのものになってはいけない。

実際金を使わなくても、快適に過ごす方策はいくらでもある。都会だったら「**チイ散歩**」、田舎であれば**温泉巡り**をしていれば、毎日が天国だ。他にも、**ドライブ**、**図書館通い**、**家庭菜園**と、それぞれが自分の好みに応じて、**安上がりの快適ライフ**を過ごす方策はいくらでもある。

つまり、誰でも金をかけずに健康を維持し、退屈を紛らわすことができるのだ。なぜ現代人はそのことに気づかないのか。ジムやエステに通って、高い健康食品を摂取しなければならないと思うのは、それ自体が強迫観念に囚われており、ストレスの原因となっている。それよりも、家で座禅でもしながらストレスを減らす訓練を積むべきだ。

とにかく金はかけないで普通の生活を送ることが肝要だ。

次にその意味を考えてみたい。

お金は少しだけあればいい

聖書の『マタイ伝』の中に次のような話が載っている。

ある商人がイエスに向かって、「永遠の生命を得るためにはどんなよいことをしたらいいでしょうか」と尋ねると、イエスはその商人に向かって、「あなたの持ち物を売り払い、貧しい人々に施しなさい。そうすれば天に宝を持つようになろう」という。すると商人は、悲しそうな顔でその場を立ち去るが、これに対し、イエスは弟子に向かって次のようにいうのだ。

「富んでいる者が神の国にいるよりは、らくだが針の穴を通る方が、もっとやさしい」

（日本聖書協会1954年版）

ところで、イエスがそもそもユダヤ人で、彼が最初に修行したのはユダヤ教団であったことを否定する聖書学者はいない。一説によれば、彼が所属したのは岩の中で生活する乞食僧団であったようだ。ところが、そもそもユダヤ教の教典であるタルムードには次のように書かれている。

「人生は、忍耐と金である」

タルムードというのは、何千年にもわたってユダヤ教のラビ（僧侶）が書き記した教えを集大成したもので、ユダヤ人の生活指針となっている文書だ。全20巻、1万2千ページ、250万語にのぼる膨大な文書である。その教えの中で極めて重要なのが**「お金は大事」**という教えなのである。これについて、日本でラビをやったM・トケイヤーは次のように述べている。

「誰だって富、財産を残したいと思っている。ところがキリスト教徒や日本人はそれを口にしない。一方ユダヤ人は、金のことを口にするのを恥じない。どちらが自然だろうか。キリスト教徒や、日本人になることは肩のこることだ」（『ユダヤ人の発想』M・トケイヤー、徳間書店）

迫害された民であるユダヤ人にとって、土地は突然没収される可能性があり資産とはなり得なかった。そこで彼らは、決して錆びることはなく、稀少価値のある黄金を持ち歩くことを生き延びる知恵としたのである。ユダヤ人にとっては、黄金こそが、命を保証する物質だった。ゴールドシュミットやゴールドバーグと、ユダヤ人には金にまつわる名前を持つ人も多いのはこのためである。

これに対しイエスは、地上に黄金の山を築くのではなく、愛の王国を築くよう教えた。
考えてみると、これは偉大なる逆転の発想と捉えることができる。お金よりも大事なものがあるのだ。イエスによれば、地上に富ではなく愛の王国を築くべきなのだ。アッシジの聖フランチェスコも、このイエスの教えを実践し、財産をすべて投げ捨て聖者となった。１９７２年公開の映画『**ブラザー・サン・シスタームーン**』（監督　フランコ・ゼフレッリ）は聖フランチェスコの映画だが、美しい愛の物語だった。

思い起こすと映画の世界には遺産相続ドラマというのがある。例えばテネシー・ウィリアムズ原作の戯曲を映画化した『**熱いトタン屋根の猫**』（58）（監督　リチャード・ブルックス）やフォークナー原作の『**長く熱い夜**』（58）（監督　マーティン・リット）などだ。しかしいずれのドラマも、この世に**大金を遺して死ぬことの虚しさ**を教えている。

熱心なキリスト教徒であるトルストイは、『**人にはどれだけの土地が必要か**』という民話を書いているが、それは次のような話だ。

ある男が、日の出から日没までに走った円周の土地をただでやるといわれ、必死に走った挙げ句、最後は倒れて死んでしまう。結局、彼が必要だった土地というのは自分を埋葬する墓地であったという物語。

この物語も、**地上に財産の山を築いても意味がない**ことを我々に教えている。

そういえば、お釈迦様だって諸行無常と言っているではないか。世の賢者といわれる人たちは、この世にお金を遺しても虚しいと教えているのだ。特に日本人は仏教徒なのでこの教えが染みついている。これに滅私奉公的な武士道の美学が加わり、かつては「武士は食わねど高楊枝」という生き方が日本人の理想となっていた。

たしかにそうである。貪欲はいやしく、金があっても愛がなければこの世は闇だ。そしてお金はあの世に持ってゆけない。それが人生の真理なのである。

しかし、だからといって、ベルエポック世代の我々が、退職を契機にいきなり宗教の道に入って、イエスや釈迦の教えを実践するのは難しいだろう。

『喜びも悲しみ幾年月』というのは１９５７年に木下恵介が作った映画だが、一昔前であれば、「清く正しく美しく」をスローガンに、静かな灯台守の生活を営む道もあったろうが、今の世は存在するだけでも馬鹿にならない経費がかかる。電気、ガス、水道、ガソリン、通信費と、金がなければ家に住むこともできない。

したがって、乞食に身を落とさず人としてのプライドを維持するためには最低限のお金が必要となってくる。要するに金は生きる目的ではなく、生きる手段なのだ。そのために、我々はやはりお金を蓄える必要があるだろう。自分のためと言うよりは、人の世話にならぬために。

では人生のエンディングに向けて、**我々にはどれだけの貯蓄があればよいのか**。

フィナンシャル・プランナーである嶋敬介さんの試算によると、60歳の時点で、貯蓄がゼロで退職金を２０００万円受け取った場合、全く運用しない場合はもちろん、年利３％で運用しても、老後はかなり厳しい遣り繰りを迫られるようだ。

ところが、貯蓄が1500万円あり、これに退職金2000万円を加えると、多額の介護費などが必要にならない限り、運用をしなくてもおよそ100歳まで資金が持つらしい。つまり資産運用の専門家によれば、**退職の時点で、3500万円が必要**なのである。

こんな話を聞くと、多くの人は「あ、そう」といって、考えることもやめてしまうだろう。なぜならベルエポック世代のほとんどは、家のローンや子供の教育費で貯蓄を使い果たし、貯蓄がゼロの人がかなり多いからである。退職の時点で3500万円を持っている人は、むしろ少数派だろう。逆に借金がある人のほうが多いに違いない。

しからばどうするのか。あとは成り行きに任せるしかないのか。

この問いに対して私は次のように言いたい。預金がない人にとっても、老後に生きる術はあると。ではどうするのかといえば、退職金に手をつけないことで取っておくのである。そのためには**退職後も働いて金を稼がなければならない**。そして**稼いだ範囲で生活してゆく**のだ。

こんなことをいうと、「せっかく退職まで我慢して働いて、退職を契機に少し人生を楽しもうと思ったのに何を言うのか」と怒鳴られるかもしれない。

たしかにバブル前であれば、退職金を湯水のように使ってあの世に向かうことができただろう。その頃は子供が就職できないという不安はなく、別荘投資などが大流行で、別荘に何百万もかけて庭を造ったりしたものだ。そうした別荘は現在、誰も住まない廃屋となっている。あるいは退職金を元手に株を買って、さらに一資産を作ろうと目論んだ人もいる。そうした人の多くは破産状態に陥った。また私の知っている人で、退職後に豪華客船での世界旅行を数年続け、今は介護施設で一人寂しく暮らしている人もいる。

しかしベルエポック世代は同じ轍を踏むべきではない。退職金を運用しようという発想も捨てるべきである。虎の子の退職金を他人に預けて増やして貰おうなどと思うのは危険極まりないことだ。すでに我々の親の世代が、そうした甘言に騙されて身ぐるみ剥がされた後なのだ。リーマン・ブラザースの破綻は世界経済を恐慌に陥れたが、2013年も米国の資産運用会社「MRIインターナショナル」が日本の顧客から預かった資産を消失させた疑いが持たれ大騒ぎとなった。

もちろん退職金は増えぬどころか目減りする可能性もある。だからインフレヘッジとして金に投資すべきという意見もある。昔から資産三分法というのがあって、金、土地、証券に投資しておけば、いざという時助かるというのだ。しかし現時点ではお勧めできない。既述したように、金の値段が上がってしまったからだ。

ここはやはり、**リスクの少ない銀行預金を選択すべき**だろう。なぜなら銀行預金は元金が減らないからである。それ以外のものは元金が減る可能性がある。もしクリーピングインフレによって預金が目減りしたとしても、それは諦めるしかない。相場変動のリスクに較べれば傷は浅くて済む。

いずれにせよ、近い将来、親が病院や介護施設の世話になることが確実なのである。その時、できるだけ手厚い看護や介護を受けさせたいと思うのが人情であろう。その時何もしないで拱手傍観を決め込んでいいのか。

また、いつ何時、派遣社員だった子供が自立しようと事業を始めるかもしれないのだ。その時親として何も援助せず、ただ黙って見ているのか。自分の子孫が生きてゆくために、何かしらの援助をするのはベルエポック世代の最後の仕事である。

あるいは、いつ何時自分が病に冒されるかもしれない。その時子供が助けてくれる保証はない。だから**ベルエポック世代は、自分の治療や介護のために虎の子の退職金に手をつけず、取っておかねばならない**のである。

何度もいうように、金を持ってあの世にはゆけない。それは真実である。しかし今はそれを使うべきでない。

もちろん手持ちが1億円もあるのであれば、むしろそれを使って死ぬべきだろう。そのほうが世のためだ。しかし今ここで話題にしているのは、普通の人の退職金の話なのである。使い出すと、せいぜい2年か3年でなくなるお金なのだ。これはできれば保険として残しておきたい金だ。いざという時に使うべきである。

年寄りが金を使わないと景気が悪くなるという意見もある。しかし逆に、年寄りが金を貯蓄に回すことで、円の暴落を防ぐことができるともいえる。それは確実に日本経済を下支えする効果がある。

　お金がたくさんあって使い道に困るという場合は、むしろ子供に贈与して若者に消費させるべきだろう。そのほうが日本経済の活性化を促すに決まっている。

　とにかく、**できるだけ金を使わず老後を過ごすこと**、それが、ベルエポック世代が一番頭に入れておかねばならないことだ。そしてわずかのお金で快適な生活を営むよう心がけるべきなのだ。

トイレの神様は存在する

　今、金をかけずに老後を過ごすべきだと書いた。しかし読者の中には、退職金で家を建てたいと考えておられる方がいるかもしれない。とくにバブル時代に家の購入を諦めたベルエポック世代の多くは、退職を契機に家を持ちたいと考えているに違いない。また、中には長年住んだ家をリフォームしようと考えておられる方もいるかもしれない。金のない若い頃に借金で粗末な家を建ててしまった人たちの中には、不満足な家を建てた後悔の念から、退職を契機に家のリフォームを夢見ている人も多いだろう。

　長年そのことを考え、それが自分の人生の夢である方は、それを実行すべきだろう。結局夢を追い求めることが生きることだからである。それにデフレの時代には持ち家は損だとされたが、今後インフレの時代になると家を持つことは得になる。現実に住むのであれば、不動産を持つことは悪いことではない。ただし……。

ここでただし書きがつくのには理由がある。

あえて言わせてもらうなら、退職金のほとんどを家の新築やリフォームにつぎ込むのはかなりリスキーなことだと言いたい。

実際、家を建て、リフォームするには相当な金がかかる。人によっては退職金をすべてそれにつぎ込むことになりかねない。そうなると、その後金がなくなって、最悪の場合は家を手放さなければならない可能性がある。生活費が足りなくなって10万円を借りたとして、それが返済できなくなれば家そのものも取られることを頭に入れておいたほうがいい。そこまでいかなくとも、新しい家に何年か住んだとして、死んだ後で誰がそこに住むのか考えなければならない。子供がそこに住むという保証はなく、建てた家は死後数年で人手に渡ってしまう可能性がある。それも二束三文の値段で。そんなふうに考えると、むしろお金は、自分の自己実現や将来子供を生かすことに使ったほうがいいのではないかと思える。

それより**大事なことは、今住んでいる家をきれいにする**ことである。**『蜘蛛巣城』**というのは1957年に公開された黒澤明の映画だが、現在住んでいる家が物で埋まって身動きがとれず、掃除をしないために「蜘蛛巣城」化している人も多いのではなかろうか。こうした状態が何年も続くと、精神もうつ状態に陥ってゆく。そう言えば、ヒッチコックのホラー**『サイコ』**（1960）にも「蜘蛛巣ハウス」が登場する。

近年、ごみ屋敷が社会問題化しているが、ある清掃業者の報告によると、扱っている物件の約1割がゴミ屋敷化しており、その約8割が女性だそうだ。とはいっても決して変人というわけではなく、ごく普通の女性の家がゴミ屋敷化しているらしい。そして女性が多いのにはそれなりの理由がある。まずは女性の高齢者の数が増えており、だんだん掃除ができなくなる。しかも高齢化した女性は思い出にまつわる物を捨てずにとっておく傾向がある。その結果、気がつくと掃除不能な状態に陥って、ゴミ屋敷化が進行するのである。

なお精神医学の見地では、強迫性障害における異常行動のひとつに「収集癖」というのがあり、ゴミ屋敷もホーディングによって発生するのではないかと疑われている。長年ホーディングによって物で溢れた家がゴミ屋敷化すると、今度は悪臭やネズミ、昆虫（特に害虫）の発生等により近隣の住民に被害が及ぶほか、ボヤや放火などの犯罪に遭いやすくなる。最近こうしたゴミ屋敷が自治体を困らせていることがテレビなどで紹介されている。そこまでいかなくとも、だいたいにおいて、ベルエポック世代の家は物で溢れた状態になっている。狭いマンションの中が、家族が買い集めた物で埋まっているのだ。これに、誰も弾くことのないピアノなどが置いてある。家から子供がいなくなっても、子供にまつわる記憶を消したくないのでそのままにしておくとゴミ屋敷は一歩手前だ。

これで快適な老後を過ごそうと思っても無理である。一度思い切り整理して、家中をぴかぴかに磨いてみることが必要だ。老いた親にそれができないならば、一度親を温泉にでも泊めて、子供が家の大清掃を行なう必要があるだろう。物を思い切って処分して磨くと、家の中は見違えるようにきれいになり、それによって嘘のように心が晴れるものだ。

なぜかと言えば、**物の処分によって、過去ではなく、現在と未来が展望できるようになる**からだ。物というのは過去の記憶で、それに止まっている限り先に進んではいけない。そしてもちろん、掃除によってきれいになった快適な空間は心を癒してくれる。それに花を飾って、音楽でも流せば、たちまちうつから解放されるに違いない。要するに、家の掃除は、心の埃そのものを除去してくれるのだ。

『トイレの神様』というのは、便所掃除の大切さを教えてくれた祖母と孫の心の交流を描いて大ヒットした植村花菜の楽曲だが、あれが大ヒットした理由は、掃除にそうした効用があるからだろう。

というわけで、お金はなるべくとっておき、物は処分する。これが快適な老後を送る知恵であることを知るべきだ。

生涯現役を押し通す

退職金に手をつけずに過ごすといっても、年金の支給は65歳以降で、今後年金が予定通り出る保証はない。

しからばどうするのか。結論は一つだ。すでに述べたように、**退職後も働き続ける**のである。昔であれば隠居という世界があった。しかし今は、隠居できる生活の余裕はない。

幸いなことに、高年齢者雇用安定法の改正で、2013年4月から、企業は雇用を希望する退職者を65歳まで継続雇用しなければならないことになった。法が保障するのだから、60歳以降も働くべきだろう。

実際、平成24年度平均（発表は平成25年4月の総務省「労働力調査」による）で、60歳以上で働く人の数が1192万人となり、これは就業者の約5人に1人の割合となっている。10年前に較べると約310万人も増加しており、今後も増大する見込みだ。ところが60歳未満の就業者の数も、この10年で約370万人減少しており、日本はますます高齢者頼みの社会に変化しつつある。厚生労働省は2013年の10月30日に2013年の高齢者の雇用状況の集計結果を発表したが、これによると、希望者全員が65歳以上まで働ける企業の割合は前年比17・7ポイント上昇して66・5%となり、前年から大幅に増加して過去最高を更新した。

もちろん働くといっても、60歳以後の給料は下げられる。特に継続雇用の場合、自分のかつての部下より給料が下がるのだから嫌な感じを持つだろう。このように、同じ職場での継続雇用が嫌なら別な仕事に就く必要がある。

役人の世界には天下りというものがあり、また企業の世界にも退職後に役員として生き残る道がある。ただし、これができる人は限られており、またそのためにヨイショに励むことはあまりお勧めできない。「退職後も、権力を振りかざして他人の労働の掠りを奪うつもりか」などと誹られるのがオチだ。

では何をしたらいいのか。継続雇用は別として、**理想は自分の経験を生かして自立することだろう**。技術者が契約社員として企業に招かれたり、経験を生かして相談役を務めたりと、自立にはさまざまな形がある。最近は老人パワーが見直されて、老人に助けてもらおうという機運も高まってきている。

第1章で、企業が人材不足に陥っている話をしたが、退職世代が蓄えた技術や能力、人脈を生かすべく、退職者の人材獲得に乗り出す企業も現われている。こうしたスペシャリストは専門知識を生かし、技術指導者やシニア海外ボランティアとして海外で活躍する道も開かれている。

ここで我々が心得なければならぬこと、それは**かつてのプライドを捨て、新たなプライドを持って生きなければならない**ということだ。決して「リア王症候群」に陥ってはならない。たとえ専門職でなくとも、**体がいうことをきくならどんな仕事だってするべきだ**。ここで仕事を選んではいけない。元社長だからといって単純労働を蔑むようでは新たな人生を生きることはできない。

私などは清掃車で働く老人を見ると、いつも頭が下がる。「はたらく」とは、「端を楽にすること」という労働哲学がそこに生きているからだ。

これに対し、年寄りがいつまでも仕事をするのは若者の雇用を奪うからやめるべきだという意見もある。これについてはさまざまな考え方があろう。まず老人が働くことをやめて若者の雇用が増えるかというと、それは疑問だ。逆に老人の生活を支えるために若者の負担が増大すると考えたほうがいい。ベルエポック世代が退職後も働くのは、実は子供のためであり、親のためであり、自分のためであり、最後は日本のためなのだ。ベルエポック世代が働くことで、子は飢えずにすみ、ひいては日本の国民総生産を増大させることになるからだ。

さらには耄碌してから仕事をすると他人に迷惑をかけるという意見もあるが、しかし年寄りには年寄りなりの技があり、それは人の役に立つものだ。世阿弥の名著『風姿花伝』にも次のような一節が載っている。

「麒麟も老いては駑馬に劣ると申すことあり。さりながら、まことに得たらん能者ならば、物数はみなみな失せて、善悪見所はすくなしとも、花は残るべし。

（中略）

およそそのころ、ものかずをばはや初心にゆづりて、安きところをすくなすくなと、色へてせしかども、花はいやましにみえしなり。これ真に得たりし花なるがゆゑに、能は、枝葉もすくなく、老木になるまで、花は散らで残りしなり。これ、眼のあたり、老骨に残りし花の証拠なり」

だいたいにおいて、年老いた人間というのは経験の塊のような存在である。頭の切れは悪くなり、体は動かないが、逆にツボを心得ている。最小の労力で最大の効果を発揮できる存在なのだ。近年、熟年の登山者が増えているが、若い頑強な青年が意外に早くバテてしまうのに、年寄りが平気で山行できるのは、彼らが無駄な力を削いで山登りするからだろう。

そもそも引退というのは、年齢によって一律に線引きできるものではない。例えばお相撲さんは30歳代で引退するが、その後も親方としての人生を死ぬまで歩み続ける。親方になれなかった人でも、指導者になったり、ちゃんこなべ屋になったりして、生涯現役を通すことが可能だ。結局**引退するかどうかは本人が決めること**なのだ。これについて坂本龍馬が知人に宛てた手紙の中には、

「私が死する日ハ、天下泰平にて生きておりてもやくにた丶す、おらんともた丶ぬよふニならねハ」と述べている。

つまり彼は、世の中が平和になって、自分のやることがなくなった時に死ぬといっているのだ。逆にいえば、事を成し遂げるまでは進み続けるということだろう。そして実際に、彼は途上で死んだ。1974年に黒木和雄がメガホンをとり、原田芳雄が竜馬を演じた『**竜馬暗殺**』の壮絶なるラストシーンを見よ。

このように、**人生にゴールというものはない**。誰でも道半ばにして死ぬと考えたほうがよい。だからこそ体が動く限り、**最後まで走り続ける**しかない。たしかに年老いてから走るのは疲れることだが、走っている最中に突然ぽっくり死ねば、これに勝る死に方はないだろう。ベルエポッ

ク世代はその心意気で老後を過ごしたい。

考えてみれば、物事のチャレンジにも年齢制限というものはない。冒険家の三浦雄一郎さんは過去に2度エベレストに登頂を果たした。しかも初登頂は70歳で当時の世界最高年齢登頂記録を樹立している。2013年5月、80歳で3度目のエベレスト登頂を目指して走破した。彼は戦前の生まれだが、その気概を我々も見習うべきだろう。

結局、老人が現役でいられないのは社会がそう決めてきたからそうなのだ。ボーヴォアール風に言えば、「老いるのではなく、老いさせられる」ということになる。

趣味が老後を充実させる

いま、生涯現役といったが、必ずしも働いて金を稼ぐことだけが現役の意味ではない。例えば**ボランティア活動**というのがある。私の町には、朝、道のゴミを拾って歩く老人、道ばたに花を植える老人、公園の草を取る老人、そして白鳥にエサをやる老人がいる。すべてボランティアだ。こうした老人を見ると、頭が下がる思いがする。彼らはボランティア活動によって社会に貢献している。しかもそれは彼らの楽しみともなっている。

ボランティア活動といえば、本来の語義と相反して何か義務的な響きを持つが、これらの老人は別に人にいわれてしているわけではない。また見返りを期待しているわけでもない。いわば趣味の一つなのだ。

哲学者の三木清は、『生活文化と生活技術』という本の中で、「娯楽には目的はなくて、しかもそれは生活にとって合目的的なものである」といっているが、試みに、この言葉の娯楽を趣味と言い換えると、この言葉の意味が見えてくる。

実際人というのは、**趣味なくして生きていくことは難しい**。仕事は義務であり、かならずしも楽しいものではなく、むしろストレスとなることのほうが多い。これに対して趣味は、純粋に個人の楽しみを追求したものだ。ストレスゼロの世界なのである。武者小路実篤も『牟礼随筆』の中で次のように述べている。

「風流に嫉妬はない。利己的なものはない。没我的であり、非人工的なものである」

ここでいう、没我的であるという部分がストレス社会の今に必要なのだ。何もかも忘れ、心を真っ白にすることができなければ、人は確実に心の病に陥ってゆく。

歴史家ホイジンガに『ホモ・ルーデンス』という名著があるが、本来人間は「遊ぶ生きもの」であり、遊びを通じてさまざまな文化を形成してきた。したがって、遊びなくして人類は霊長類の長たり得なかったといえる。趣味は体の良い遊びと捉えることができる。

諺の世界でも、このことが盛んに強調されている。フランスには「趣味を持たなければ、天才も高等な馬鹿にすぎない」という諺があり、日本にも「悪趣味は無趣味にまさる」という諺がある。

けだし、趣味のない人生というのは、スパイスを入れない料理のようなものだろう。特に仕事の第一線を退いた老後ともなれば、趣味のない生活は味気ないものとなる。

幸い現代には老人が楽しむ方法はいくらでもある。ゲートボールから俳句まで、無数の趣味の会があり、趣味の仲間がいれば孤独からも解放される。独身同士であれば、そこから熟年ロマンスに発展する可能性もある。

先に紹介した認知症の解説書を書いた髙野喜久雄さんの本にも、認知症の進行をくい止める方法として、芸術療法と音楽療法をあげている。絵画や書道、陶芸、ダンスなどの創作活動が認知症の進行を遅らせるというのだ。とくに指先の刺激が脳の活性化につながるようだ。またこうした活動を通じて仲間と交流を深めることで認知症の進行を遅らせることができる。

同様に、音楽はストレスの解消となるだけでなく、呼吸運動を活発にするなど効果があるようだ。また歌の中に出てくる場所や、ものの名前、季節を思い出すことにより記憶が改善されることもあるという。さらには現実に声を出すことで食事量が増えるという報告もなされている。まさに**趣味は長生きの秘訣**といえるわけだ。

ただし趣味といっても、「趣味が高じて」ということにならないよう注意を払わねばならない。特に書画骨董集めで身代を潰すというのはお勧めできない。コレクション自体は趣味として悪いことではないが、やはり金のかかる趣味は断念すべきだ。

いまコレクターの話をしたので一つの事例をあげるが、アメリカで、生涯郵便局員をやりながら夫婦で現代美術のコレクターを続け、退職後にその作品がメトロポリタンに寄贈され、特別室を設けられたコレクターがいる。

二人は給料をはたいて40年以上も無名の画家の作品を集め、それが退職後に貴重なコレクションとして残されることになったのだ。２００８年に佐々木芽生という日本人の監督が作った『**ハーブ&ドロシー アートの森の小さな巨人**』は、彼らのことを描いたドキュメンタリーだ。私の知り合いにも、小遣いを貯めて古道具屋から鎧を買い続け、退職後にそれを写真付きの本にまとめた人がいる。

こうした人を見て思うことは、趣味というものは、退職してからいきなり始めてもたいした満足を得られず終わるだろうということだ。若い頃から長く続けるのが一番いい。なおこれについては箴言家のラ・ロシュフーコーも次のように述べている。

「若い者はその血気によって趣味を変え、老人は習慣によりその趣味を保つ」と。

つまり、趣味は継続してこそ花開くものなのである。それは現役の時から始め、退職後に果実を実らせることが望ましい。したがって、50歳代まで仕事一筋という人は、今からでも遅くないので趣味を見つけるべきだ。その趣味は、退職してから豊かな果実をもたらすことになるだろう。

旅の効用について考える

趣味といえばいろいろあるが、ほとんどの趣味は一人で楽しむものだ。そんな中で、退職後に**夫婦で楽しめる趣味**はないものだろうか……。

この場合、最初から趣味が合って結婚した夫婦は別として、お稽古事や創作、鑑賞にまつわる趣味であると、どちらかが我慢して相手に付き合うという流れになるのが一般的だ。

ところが、どんなに相性の悪い夫婦でも、たいてい一緒になって楽しむことができる趣味が一つある。それは何かというと、**旅**である。だいいち旅というのは修練を要する趣味ではなく、誰でも簡単に実行できる楽しみだ。

たしかに旅というのは、本来は一人でするものなのかもしれない。若い頃に、自分探しの旅、修練の旅、傷心を癒す旅をした人は多いだろう。本当の旅の達人は一人で世界を回る。そしてヘミングウェイが「あちこち旅をしてまわっても、自分から逃げることはできない」といったように、最後はまた家に戻ってくるものなのだ。一回りも二回りも大きくなって……。

ところが今、私は夫婦でする旅を提案している。なぜかと言えば、老後を夫婦仲良く過ごす手段として、旅に勝るものはないと感ずるからだ。この旅は修練のために行なうのではない。夫婦や友と**時間を共有するため**に行なうのである。

だいいち見たことのない景色を堪能したり、美味いものを食べたり、温泉につかって体を癒したりすることが嫌いな人はほとんどいない。趣味が合わない夫婦でも、話が合ってしまうのが旅の良いところだ。それだけではない。旅には別な効用もある。これについて、アラブの諺に次のような言葉がある。

「長生きするものは多くを知る。旅をしたものはそれ以上を知る」

つまりどんな旅にも常に発見があり、年を取っても、**旅は人間の知識欲を充足させ、頭を活性化させる効用がある**のだ。そんなわけで、先ほど私は、ベルエポック世代に豪華客船による海外旅行という選択肢はないといったが、それは金をはたいて無理して行く必要はないという意味であって、金が有り余っているならおおいに出かけるべきだ。それに最近は、金がなくても旅行ができるようになった。JRにも飛行機にも格安チケットがあるし、高速バスもある。長い老後を仲良く過ごすために、我々はこの特典を利用しない手はないだろう。

ところがせっかく二人で旅に出ても、旅先ですぐ喧嘩が始まってしまうケースがある。実際私が経験したことだが、ある時、駅のホームのベンチに腰掛けていた時、突然50代と思われる見知らぬ女性から話しかけられたことがあった。

何かと思って話を聞くと、退職記念に夫婦で国内旅行をしているらしい。ところが旦那の予約した旅館が最低で、旦那が計画したコースもまるで面白くないというのだ。ちょっと離れていた旦那が近寄ってくると、私の前で、さっそく夫婦喧嘩を始めてしまった。これでは浮かばれない。

逆にある時、町の温泉で車を使って日本中を回っている老夫婦に話しかけられたことがあったが、こちらのほうはいかにも仲がよさそうな夫婦だった。彼らは温泉の他、一緒に山歩きなど楽しんでいるらしい。そこで私は「次はどちらへ」と聞いてみると、決まっていないという。それを聞いて、私は「この夫婦は旅のツボを心得ているな」と感じた。ラスキンも「全ての旅行はその速度が正確に定まってくるにつれ退屈になる」と言っているが、この夫婦は、観光のためでなく、単に**新鮮な時間を共有するために日本中を歩いていた**のだ。

「人が旅をするのは到着するためではなく、旅をするためである」というのはゲーテの言葉だが、車で日本を回っている夫婦は、旅という共同作業を楽しみながら、お互いの人生を共有していたのだ。

映画の世界にもロードムービーというジャンルがあるが、ロードムービーはたいていヒットする。その理由は、観客が主人公と一緒に旅を楽しむことができるからだ。

これと関連するが、最近増えているのが、山ガールならぬ、**山ジジイと山ババア**の存在だ。実際山登りをすると、どこもかしこも中高年だらけなのに驚いてしまうが、それが夫婦者であると、決まって仲が良い。これには嬉しくなる。

しかし考えてみれば、それは当然のことだ。なぜなら山で喧嘩すれば、お互いが死ぬ可能性があるからだ。協力しないで山を歩くことはできない。したがって、ベルエポック世代が、老後に山ジイイと山ババアにチャレンジするのはお勧めのコースだ。

この場合、大切なことは、とにかく楽に山を登る方法を考えるということである。

ロープウェイで8合目まで行き、そこから山頂まで、急坂ではなく、なだらかな斜面の山を登るのがいい。そうした山はあちこちにあり、それでも充分に、山登りの醍醐味を味わうことができる。

というわけで、ベルエポック世代にも、まだまだ夫婦で楽しむ方策がいくらでもあることを忘れないで欲しい。

家族の絆に思いを馳せる

いま夫婦の話をしたが、次は家族の話である。

これについては、先ほどの自殺者数の推移について記したところで、私は、「平成24年度は自殺者数が減少したが、その理由として東日本大震災の影響が考えられる」と書いた。もちろんこれについては、被災地の統計がカウントされていないという特殊な事情があったのだが、他にも、目の前に迫る危機があまりに甚大で、自殺どころではないと思った、という理由があったかもしれない。それともう一つ、震災をきっかけに、**家族の絆**が深まった、というのも一つの理由ではなかろうか……。

あの時、日本人の多くが停電の中でろうそくの火を灯し、家族と語らいを持ったはずである。

その時、誰もがこの家族を守っていきたいと考えたに違いない。普段あまり口をきかなかった家族が、災難をきっかけに絆を深めたのだ。

これが一人だったらなかなかそうはいかない。闇の中でたった一人で夜を過ごさなければならなかったらかえって生きる気力が削がれるに違いない。結局家族というのは、お互いがお互いを救い合う存在なのである。特に危機に遭遇すると、家族は自然に結束する。

第二次大戦の敗北により、アメリカから個人主義が流入し、日本の家族制度は根本的に否定されることになる。姑にかしずく嫁、長子制など、従来の家族制度の否定的な側面ばかりが強調され、瞬く間に日本の家族関係は崩壊していったのだ。これは家からの自立であると同時に親の切り捨てにもつながっていった。

繰り返しとなるが、以後日本の家族は核家族に移行していく。そのため、彼らが都会で家庭を築くようになると住宅不足が発生、結果、大都市には数多くのマンション、団地が造成され、家の構造そのものを変質させていった。さらにこれに伴い、結婚は見合いから恋愛へと変化し、配偶者は親が選ぶのではなくて個人で選び、嫁は家に嫁ぐのではなく個人に嫁ぐことになった。

この結果、戦前によくあった個人の意に反した不幸な結婚が減ったかというとそうでもない。実は不幸な結婚が増加した可能性がある。なぜなら若い二人には異性を見極める力が不足し、加えて、物心両面で年寄りからの援助が絶たれたため、結婚という重い現実に対処できない若夫婦が増えたからだ。そのため離婚も増加していった。

すでに見てきたように、最近では恋愛も面倒というオタク男女が増えて、結婚しない若者が激増している。見合い結婚がなくなって自由に恋愛できるようになったかというとそうではなく、逆に結婚のハードルは高くなっていった。ベルエポック世代自身はいくらでも相手をみつけることができたが、その子供の代になるとそうではなくなっている。昔のように、結婚の世話をしてくれる年寄りもいなくなってしまったからだ。

それが今の日本の家族の現状だが、これでは、昔のほうがまだよかったという人が現われても当然だろう。要するに、ベルエポック世代というのは、何百年も続いた日本の家族制度が一代で覆った**家族革命**を経験した世代でもあったのだ。家族革命は個人の自由をもたらしたが、これが結局は家族の絆を弱めていったことも否定できない。

ここで思い出すのは、日本の家族を描いた名画だ。とりわけ小津安二郎の『**東京物語**』、黒澤明の『**生きる**』は忘れられない。

この二つの映画は、いずれも日本が朝鮮戦争の特需景気を謳歌した1950年代前半に作られた。いわば日本が戦後の混乱からテイクオフした時代の映画だ。いずれも子供によって見放された老人の孤独な末路を叙情的に描きながら、日本の伝統的な家族が解体してゆく様を静かに描いている。

しかし当時の日本人は、この二つの映画を見て感涙する感性を有していた。最近『東京物語』

がリメイクされたが、まったくの不入りで終わったようである。

『東京物語』で若くして老人を演じた笠智衆が、本当に老人になってから出演したのが山田洋次の『**家族**』である。これは大阪の万博が開かれた１９７０年に公開された。長崎から北海道に移住する家族を描いたロードムービーだが、ここでも新世界に辿り着いた笠智衆は、新世界を知ることなく病気で他界してゆく。

この映画も、当時の多くの日本人を泣かせたが、それは日本人の中に、古い日本の家族制度に対する哀惜が残っていたからだろう。しかし今ではそうした哀惜も残ってはいない。日本の家族制度を崩壊させた咎が、ブーメランのようにベルエポック世代に襲いかかろうとしている。

姑と暮らすストレスはなくなったものの、夫は家におらず、妻は一人で子育てのストレスに見舞われ、ましてや共稼ぎともなれば、家事、子育てに協力しない夫に幻滅して、ノイローゼに陥る主婦も増えている。一方、子のほうは、親の期待に堪えかねて暴発、家庭内暴力が日常の光景となる。そして自分の親がその親の面倒を見ないことを見て、自分も親の面倒を見る必要がないことを学んでいったのだ。

１９８３年に森田芳光がメガホンをとった『**家族ゲーム**』は、横長の食卓に家族が一列に並ぶ異様な食事シーンで観る者に衝撃を与えたが、これ以降に作られた家族のドラマはほとんどがバラバラの家族を描いている。

してみれば、今さら家族の絆を大事にしようと言っても、遅すぎるかもしれないが、そんな現状で、当面ベルエポック世代ができることは次の三つしかない。
一つは、まだ生きている**親を最後まで大事にする**こと。
二つ目は、**子供が自立できるまで突き放さない**こと。
そして**最後は夫婦が仲良く老後を過ごす**努力を積むことだ。

チャレンジ、恋に年齢制限はない

たった今確認したように、家族の絆が大切なことは言うまでもない。それは自明のことであり、大前提である。

昔であれば、還暦の祝いに孫にちゃんちゃんこを着せてもらい、家族と記念写真に収まるというのが理想の姿だった。長年連れ添った妻がいて、自立して家族を営む子供がおり、その子供に孫がいれば、それ以上の幸せはない。その後は盆栽でもいじって暮らそうというのが、昔の日本人の理想だった。

しかし今の時代、還暦の記念写真を撮って現役が終わると思っている人はほとんどいないだろう。だいいち今の日本では、家族一同で還暦記念を祝える平和な家庭は少なくなってきている。親は介護施設に預けられたまま、子は家から出たまま帰らず、そして配偶者とは仮面夫婦という家族も増えている。

こうなると還暦の意味を考え直さねばならなくなる。

つまり家族は大事だが、不幸なことに、修復できないほど家族関係が壊れてしまった場合は別な方策を練る必要があるということだ。

老後の人生、ただ自分を押し殺して我慢して生きていけばよいかというと、かならずしもそうではない。物事はケースバイケースで考えねばならない。ましてやベルエポック世代のように、個人の自由という価値観の洗礼を受けてきた人間にすれば、個人が死んだ状態で家族に奉仕することは難しいかもしれない。

その際、男が「濡れ落ち葉症候群」に陥らぬためにはどうしたらいいのか。

場合によっては、退職後、家族の反対にあうようなチャレンジを企図することがあっていい。例えばトロイを発掘したシュリーマンのように、男がずっと夢見ていたロマンを追求する、ということがあってもいい。我々の場合でいえば、退職後に技術を生かして海外協力に出向いたり、さすらいの一人旅に出かけたりといったことが考えられる。

基本的に、ベルエポック世代は子供の頃から夢を見続けて生きていた。そもそも人生を楽観的に考える人間が多い。夢を見るという一点において、**どうせなら最後まで能天気に生きて終わり**

を迎えたいものだ。結局最後は誇り高く死にたいのである。

ただし、こんなふうに、退職してから新しいことにチャレンジしようとすれば、一人になって孤独に耐える覚悟が必要だ。だいたいにおいてサラリーマンの妻は、親父が死ぬまで稼いでくれればよいと願っているが、場合によっては家族の反対にあっても、最後は自分を押し通す気概が求められるだろう。**勇気ある者だけが、誇りある人生を全うできる**からだ。かりに何かにチャレンジして失敗し、惨めな結果を招いたとしても、どうせ死ぬのだからたいした違いはないと納得するしかない。

いま、自分に忠実であろうとすれば一人になる覚悟が必要だと書いたが、その結果として熟年離婚という結末に至る可能性がある。果たしてそれは絶対避けるべき道だろうか。これについては、できれば離婚すべきでないが、それもケースバイケースと言っておこう。今さっき家族が大事と言っておきながら、ここでは妻と別れる覚悟も必要だというのは矛盾しているが、それぐらいの気持ちを持たなければ、張り合いのある老後を送れないということだ。もちろん私は、ここで熟年離婚を勧めているわけではない。何度も言うように、糟糠の妻と最後まで添い遂げ、子や孫の成長を見守ることが一番だ。

しかし不幸にして家族がバラバラとなり、憎悪を感じるほどの夫婦関係に陥った場合、熟年離婚による再出発も一つの選択肢だと言っているのである。

それにいまや離婚は普通のこととなり、離婚による社会的差別もなくなってきた。退職を契機に夫婦関係を見つめ直し、**一度きりの人生を本当はどのように生きたいのかを考えてみる**ことは必要だ。

親の介護や子供への援助という問題については、お金と時間があればある程度解決できる問題だが、夫婦の愛情は別である。またそれほどでなくとも、互いが互いを生かす道として、別れて暮らすというのは大人の選択だ。熟年離婚というハードランディグを避けたいのであれば、熟年別居により互いが自立の道を歩むという道もあるだろう。

ところで熟年離婚の後には、当然**熟年恋愛**というシナリオが続く。確かに肉体の衰えはいかんともしがたいところがあるが、昔に比べれば、今はエイジングケアの技も発達し、その気になれば若作りする方策もかなりある。栄養や運動に気を使えば体力の維持も可能だ。それに恋というのは、究極は心でするものだ。要は、その気があるかどうかということに尽きるだろう。

配偶者と死別した人、シングルとして過ごしてきた人はもちろん、不幸にして熟年離婚に至ってしまった人は、熟年恋愛を怖れてはいけない。老後を一人寂しく過ごすよりも、二人で過ごしたほうが楽しいにきまっているからだ。

この意味でも、ベルエポック世代は新しい時代を切り開こうとしている。それを証拠に、現在、熟年世代向けの結婚相談所が大流行だからである。

『**黄昏流星群**』という漫画が評判となっている。2000年に文化庁メディア芸術祭マンガ部門賞を受賞した弘兼憲史の作品だ。この漫画では、主に中高年の恋愛が描かれている。恋愛漫画といえば若者中心のはずだったが、この漫画を読むと、恋に年齢がないことがよくわかる。

よくテレビなどで、若い女性アナウンサーが老人ホームの老人を幼児のように扱うのを見ることがあるが、そんなシーンを見ると、そのアナウンサーの馬鹿さ加減に呆れかえってしまう。あなたが相手をしている老人は、何者であるかあなたは知っているのかと。

キンゼイ報告に寄れば、あるアンケートで、71歳の男性の約75パーセント、80歳でも22パーセントの男性が性欲を持っていたことがわかった。これが60歳前後となれば、病気でもない限り、いつでも恋愛状態に移行することが可能だ。

老人の性を描いた文学作品としては、日本には川端康成の『**眠れる美女**』、谷崎潤一郎の『**鍵**』、『**瘋癲老人日記**』という作品があるが、このうち『瘋癲老人日記』の主人公は77歳である。その後の研究で、登場人物にはすべてモデルがいることが明らかとなったが、主人公は谷崎自身なのである。

聞くところによれば、現在老人施設では恋愛騒ぎのために施設職員が頭を痛めるということだ。またゲートボールなどの会でも、老人の恋愛が花盛りという話を聞いたことがある。先ほどは趣味を持つべきだと書いたが、趣味の活動を通じて新しい出会いもあるようだ。そこから新たな恋愛が生まれ、再婚に至るというのは、自然な流れだ。

もちろん、従来は老人の多くが分別によってそれを抑えてきた。老醜を晒してまで色恋に現を抜かすというのは、勇気がいるからである。「いい年をしてみっともない」という文化が抑止力として働き、年寄りの恋愛は押さえられてきたのだ。だから年を取ると、皆枯れたような顔をして、自分を誤魔化してきたのである。しかし最近は週刊誌などでも老人の性を取り上げる特集が多くなってきている。それだけ関心が高まっているということだろう。

ただし再婚しても、連れ子、あるいは実子と連れ子との関係が上手く行かず、再び熟年離婚に至るケースもあることも頭に入れたほうがよい。決断には熟慮が必要だ。かりに離婚に至ったとしても、できることなら子供や親と縁を切るべきではない。現代の選択は「あれかこれか」ではなく、古い関係を維持しながら、新しい関係を築くことにあるといえる。年を取ったら男女の問題に関して修羅場は避けたい。修羅場に至らぬよう、互いが知恵を働かせる必要がある。

ともあれここは、長い老後をどこまでも誇り高く生きたいものだ。

そのために、悩んでばかりいないで、**勇気を持って一歩前に踏み出してみる**必要がありそうだ。

後書き　ベルエポック世代に悟りはない

人間年を取ると、誰でも釈迦の偉大な悟りに近づいてゆく。最後は誰でも「諸行無常」の心境に達するのである。どんな栄華を極めた者でも、最後は老い、病気にかかって死ぬ。これは生き物の摂理だ。子供の頃から夢を見続けてきたベルエポック世代にとっても、その摂理は生きている。

この本の最初に記したように、いま日本からどんどん元気が失われている。全世代がさまざまな問題を抱え、閉塞状態に陥っている。

つい数十年前まで「ジャパンアズナンバーワン」と言われていたのに、今や莫大な借金の山だけが残っている。永遠に続くと思われた経済成長はバブル崩壊でストップし、故郷の町は人口減少でゴーストタウンと化し、原発事故によって科学に対する信頼も揺らいでしまっている。

人生の終着点で見る光景にしては、あまりに寒々している。

自分が信じてきたこと、夢見てきたこと、それらはすべて「大いなる幻影」だった。竜宮城での生活はすべて幻だったと絶句してしまうかもしれない。このように、所詮すべては無に帰していくからには、心を虚しくして老後を過ごさねばならない。それが我々の人生の結論なのだ。

たしかにそうかも知れない。誰でも最後は悟ってあの世にいきたい。

しかしながら、平均寿命が延びて、退職してからも20年この世に生き続けなければならないとすれば、その間ずっと、浦島太郎のように海を見続けて過ごすわけにはいかない。またその間、ずっと悟りを得るために写経で時間を潰すわけにもいかない。現実に払い除けねばならない火の粉はこれからも飛んでくるからだ。

だとすれば、あたかもニヒリズムに立ち向かうツァラトゥストラのように、あるいはギリシャ神話のシジフォスが永遠の責め苦に喜びを見出したように、我々は最後まで戦い、前に進んでゆくべきではなかろうか。行軍は倒れるまで続くのである。

そして子供の頃みた夢を幻だったと否定せず、どうせなら倒れるまで夢を見続ける気概が必要ではないだろうか。

そのためにも我々は今から「人生の貯金」をしておく必要がある。長い老後を、充実感を持って過ごすために。その貯金というのは権力やマネーのことではない。人との触れ合いであり、生き甲斐のことである。退職前からその貯金をしておくことで、充実した老後を送ることができるからだ。

というわけで、この本の最後は、ベルエポック世代が生んだ現役歌手、**竹内まりや**（55年生まれ）の歌「**人生の扉**」の一節で締めくくることにする。

春がまた来るたび　ひとつ年を重ね
目に映る景色も　少しずつ変わるよ
陽気にはしゃいでた　幼い日は遠く
気がつけば五十路(いそじ)を　越えた私がいる
信じられない速さで　時は過ぎ去ると　知ってしまったら
どんな小さなことも　覚えていたいと　心が言ったよ

［著者紹介］
福井次郎（ふくい・じろう）
1955年青森県生まれ、早稲田大学第一文学部卒。映画および歴史研究者。著書に『映画産業とユダヤ資本』（早稲田出版）『「戦争映画」が教えてくれる現代史の読み方』『カサブランカはなぜ名画なのか』（彩流社）『青森の逆襲』『マリリン・モンローはなぜ神話になったのか』（言視舎）等がある。

装丁……佐々木正見
イラスト……工藤六助
ＤＴＰ組版……出川錬
編集協力……田中はるか

1950年代生まれの逆襲
「ベルエポック」世代の栄光と悲惨そして復活

発行日❖2014年2月28日　初版第1刷

著者
福井次郎

発行者
杉山尚次

発行所
株式会社**言視舎**
東京都千代田区富士見2-2-2　〒102-0071
電話03-3234-5997　ＦＡＸ03-3234-5957
http://www.s-pn.jp/

印刷・製本
モリモト印刷(株)

ISBN978-4-905369-81-3　C0036
JASRAC出1400587-401